Osez...
la bisexualité

dans la même collection

Osez tout savoir sur la fellation, Dino
Osez l'échangisme, Hélène Barbe
Osez faire l'amour partout sauf dans un lit, Marc Dannam
Osez les jeux érotiques, Dominique Saint-Lambert
Osez le sexe sur Internet, Thomas Perrin
Osez tout savoir sur le SM, Gala Fur
(Pour vous les filles) Osez les conseils d'un gay pour faire l'amour à un homme, Érik Rémès
Osez la fessée, Italo Baccardi
Osez vivre nu, Marc Dannam
Osez le sexe selon les astres, Brigitte Lahaie
Osez le bondage, Axterdam
Osez tourner votre film X, Ovidie
Osez préparer votre corps à l'amour, Italo Baccardi
Osez faire l'amour à 2, 3, 4, Marc Dannam
Osez les nouveaux jeux érotiques, Velvet et Dominique Saint-Lambert
Osez découvrir le point G, Ovidie

Illustration de couverture : Arthur de Pins
Illustrations intérieures : Axterdam
Conception graphique : Carole Peclers, Monique Plessis

122, rue du Chemin-Vert
75011 Paris

ISBN : 978-2-84271-287-7
ISSN : 1768-496X

Pierre Des Esseintes

Osez...
la bisexualité

La Musardine

sommaire

Introduction 7

1. Bi : entre-deux ou deux à la fois ? 11

2. Qui sont les hommes bi ? 37

3. « Couple, les 2 bi,
cherche couple même profil » 65

4. Toutes bi or not toutes bi ? 81

5. L'analyse d'un psychiatre-sexologue 107

6. Bi, bi, fricotons ! (Chorégraphies) 119

7. Test : êtes-vous bisexuel(le) ? 135

8. Rencontres 141

Conclusion 147

Références 151

intro-duction

La plupart des sociétés humaines ont connu ou connaissent la bisexualité, sous diverses formes. Celles-ci varient selon les époques. Les comportements que l'on a pu considérer comme relevant de l'homosexualité n'étaient bien souvent que des comportements bisexuels occasionnels. L'homosexualité était-elle à la mode dans la Grèce antique et à Sparte ? Oui, mais les hommes n'en avaient pas moins des épouses. À Rome, la bisexualité n'était pas condamnée, mais ce n'est pas pour cela que la fellation et la sodomie étaient des pratiques courantes et habituelles au sein de la population masculine. Ne dit-on pas que les relations sexuelles entre hommes sont courantes en terre d'Islam, malgré la condamnation officielle de l'homosexualité ? Certes, mais il s'agit d'en comprendre les nombreuses raisons, dont la principale est sans doute le difficile rapport aux femmes dont souffrent les hommes, pour des raisons religieuses. Dans l'étude des diverses formes de sexualité, il convient toujours de se méfier des généralisations. Oublions les préjugés qui rattachent souvent hâtivement des pratiques sexuelles à une culture, un peuple ou une population. Ce livre est à lire avec un esprit d'ouverture et de tolérance.

Aujourd'hui, en Occident, la notion de bisexualité est à la mode. Est-ce un engouement passager relayé à outrance par les médias, ou un phénomène plus profond ? Toujours est-il que, évolution des mœurs oblige, beaucoup d'entre nous se sont déjà posé la question : pourrais-je être attiré par un individu du même sexe que moi ? Certains ont franchi le pas, d'autres n'osent pas... Certains excluent ce genre d'aventures, d'autres changent radicalement de sexualité à un âge où tout semble déjà joué... Le bisexuel est-il une personne qui n'a pas encore trouvé sa voie, ou qui vit simplement sa sexualité selon ses rencontres ? Pour autant, la bisexualité constitue-t-elle une identité ? Un bisexuel se sent-il à la fois hétérosexuel et homosexuel, ou entre les deux ? C'est justement cet « à la fois » et cet « entre deux » qui soulève des questions. Est-ce une simple transition entre l'hétérosexualité et l'homosexualité ? Une forme de sexualité qui se vit seulement sur le mode du jeu occasionnel ? Ne serait-ce pas peut-être, tout simplement, une manière de trouver un épanouissement dans la variété des relations ? Et si la bisexualité était un redéploiement de l'éventail des plaisirs hétérosexuels ? Nous avons voulu, au-delà des clichés, en savoir plus sur cette population insaisissable…

Mais cet ouvrage ne se veut pas seulement théorique. Il proposera un petit Kama sutra bisexuel, non exhaustif bien sûr, mais qui explorera quelques possibilités de combinaisons à trois ou plus. Nous y montrerons que la bisexualité donne lieu à une véritable fête des sens ! Alors, une fois arrivés à la dernière ligne de ce petit livre, peut-être aurez-vous enfin envie d'oser…

1. bi : entre-deux ou deux à la fois ?

L'insaisissable entre-deux

Catherine Deschamps, socio-anthropologue, auteur du *Miroir bisexuel* (Balland, 2002), affirme qu'« *enquêter sur la bisexualité n'est pas un exercice facile. Non seulement parce que c'est une notion qui dérange, mais en plus parce qu'elle recouvre des réalités variées et difficilement superposables.* »
La première difficulté que l'on rencontre lorsqu'on travaille sur cette notion, c'est que les bi ne se ressemblent pas. Et la tâche s'avère d'autant plus ardue que cette population reste discrète. Peu de bisexuels, en effet, revendiquent cette identité.
Les travaux de Kinsey sur la bisexualité recensent, dans la très puritaine Amérique des années 1950, 15 à 25 % de femmes bisexuelles, contre 33 à 46 % des hommes. Ces pourcentages sont-il fiables ? Certainement pas, si l'on pense à la définition très large que Kinsey donne de la bisexualité. Selon lui, toute personne hétérosexuelle ayant vécu au cours de son adolescence une expérience homosexuelle sera considérée comme bisexuelle. Classification un peu hâtive, semble-t-il ! Le bon docteur cherchera donc à la nuancer, en créant une sorte d'échelle d'attirance vers le masculin ou le féminin. Cette échelle est graduée de 0 à 6. Le 0 correspond

à l'hétérosexuel de base, et le 6 à l'homosexuel pur et dur. Si vous vous situez entre les deux, sur le 3e échelon, vous êtes bisexuel. Simple, n'est-ce pas ?
Une étude américaine de Martin Weinberg et Colin Williams menée en 1994, appelée « rapport Janus », a révélé qu'en appliquant des critères de sélection plus stricts, il y aurait aux États-Unis plus de bisexuels (5 % chez les hommes et 3 % chez les femmes) que d'homosexuels (4 % des hommes et 2 % des femmes). Alfred Spira, dans son analyse des comportements sexuels, effectuée en France en 1992, affirme qu'homosexuels et bisexuels représentent chacun 2 % de la population. Mais peut-on réellement se fier à ces pourcentages ? Combien sont ceux qui ont des pratiques bisexuelles sans se considérer eux-mêmes comme bi ?
Ces chiffres occultent une réalité : les bisexuels, dans leur grande majorité, se cachent. On connaît le fameux trait d'esprit de Woody Allen : *« Il est incontestable que le fait d'être bisexuel double vos chances de rencontrer quelqu'un le samedi soir. »* Mais qu'en est-il, en fait ? Au-delà de la plaisanterie, la réalité est-elle aussi simple ? Non, évidemment, et l'on pourrait même dire que malgré l'étendue de leur champ potentiel de rencontres, les bisexuels ont plutôt deux fois plus de chances de se faire éconduire que n'importe quel hétéro ! Soit parce que leurs pratiques s'accompagnent d'une culpabilité, soit parce qu'ils n'ont simplement pas envie

d'en parler, n'ayant pas une identité sexuelle claire. Selon Catherine Deschamps, « *la plupart de ceux qui ont une pratique bisexuelle se disent homos ou hétéros. En partie parce que ce sont des catégories socialement mieux acceptées, et aussi car leur attirance envers les hommes et envers les femmes ne s'exprime pas dans les mêmes proportions. On voit bien qu'avoir des relations sexuelles avec des hommes et des femmes ne suffit pas à fonder une identité bisexuelle.* »

Ensuite, la bisexualité peut demeurer à l'état de fantasme. Une femme bisexuelle n'a pas forcément une libido démesurée. Une bisexuelle peut vivre sa vie d'hétéro tout en gardant au fond d'elle-même une attirance pour le même sexe, qui restera latente et se révèlera peut-être un jour. Nombreuses sont les femmes qui se sentent bisexuelles tout en ayant des relations exclusivement hétérosexuelles ou homosexuelles. Autrement dit, on peut être bi dans l'âme sans forcément vivre sa bisexualité. Le sexoanalyste Claude Esturgie souligne que « *notre éducation ne nous permet pas toujours d'exprimer nos préférences sexuelles. Pour certains, la bisexualité peut être une phase transitoire entre une hétérosexualité insatisfaisante et une homosexualité qu'ils ne sont pas encore prêts à admettre. Pour d'autres, elle est un mode de vie qui correspond à une réelle inclination envers les deux sexes.* »

Il est particulièrement important de souligner que rien dans la sexualité d'un individu n'est définitif. Ainsi, une hétérosexuelle qui découvre l'amour avec une femme à 40 ans peut être considérée comme bisexuelle puisque son vécu est à la fois hétérosexuel et homosexuel. Mais elle pourra très bien considérer qu'elle a totalement « viré de bord » et se sentir exclusivement homosexuelle. Elle peut aussi refuser de se poser la question de savoir quelle est son identité sexuelle.

Bisexualité : d'où vient le mot ?

Dans les manuels de botanique du XVIIIe siècle, le terme désignait les plantes et les fleurs possédant les organes des deux sexes (étamines et pistils). Il est donc d'abord associé à l'hermaphrodisme. Puis, du champ botanique et anatomique, il entre dans le champ de la psychologie et de la sexualité, avec le psychiatre Krafft-Ebing. Celui-ci s'attache à la classification systématique des identités et comportements sexuels selon différents types. Il emploie le terme de bisexualité en le distinguant clairement de l'homosexualité ou de l'hermaphrodisme. Son ouvrage, *Psychopatia Sexualis*, se présente comme un inventaire exhaustif des anomalies sexuelles. L'un des effets majeurs de cette mise en système est la définition d'une sexualité « normale », qui serait l'hétérosexualité, opposée à une sexualité « anormale », l'homosexualité. À l'époque, on considérait ces anomalies comme les symptômes d'une « dégénérescence mentale ». Ainsi, Krafft-Ebing n'a admis que tardivement que l'homosexualité et la bisexualité ne sont pas des pathologies, mais qu'elles sont au contraire compatibles avec la santé mentale. Havelock Ellis, autre éminence de la sexologie balbutiante du XIXe siècle, parle d'hermaphrodisme psychosexuel, puis utilise le terme d'homosexualité. Pour Krafft-Ebing comme pour Ellis, l'homosexualité et la bisexualité ont des causes biologiques, voire héréditaires.

Ce qui se disait du côté de Vienne au début du xxe siècle...

Petite note avant de passer aux choses sérieuses : au cours de notre enquête, nous avons été amenés à rencontrer des dizaines de personnes très différentes. Presque toutes, cependant, ont en commun de considérer la bisexualité comme quelque chose d'universellement partagé ! Nous nous sommes rapidement retrouvés face à ce paradoxe : si, pour l'opinion commune, nous sommes tous bisexuels, pourquoi y a-t-il, en réalité, si peu de bisexuels ?
« *Simple*, répond l'opinion : *à l'origine, nous sommes tous bisexuels, c'est Freud qui l'a dit. Après, on fait des choix, qui sont déterminés par la culture...* » Si nous devions écrire, à la suite de Flaubert, un nouveau *Dictionnaire des idées reçues*, nous écririons donc : **BISEXUEL. Nous le sommes tous.**
D'où vient donc que chacun croit savoir ce qu'a dit Freud sur la question ? Et pourquoi aurait-il énoncé des vérités définitives sur le sujet ? Étonnant comme, aujourd'hui encore, le seul nom du bon docteur viennois à la barbe en pointe suffit à apporter une caution intellectuelle !
Fermons cette parenthèse...

Freud a donné, dans la théorie psychanalytique, une place centrale à la bisexualité. La thèse selon laquelle la bisexualité est au cœur de toute psychopathologie est particulièrement féconde. Curieusement, c'est l'une des rares thèses freudiennes qui ait subi relativement peu de changements au cours du temps, tant son pouvoir explicatif est grand.

« *La psychanalyse*, dit Freud, *a une base commune avec la biologie en ce qu'elle présuppose une bisexualité originelle chez l'être humain.* » (*Psychogenèse d'un cas d'homosexualité féminine*.)
Dans les premiers temps, la bisexualité n'était pour Freud qu'un élément de réflexion emprunté à la biologie pour étudier les mécanismes de ce qu'on appelait alors « l'inversion ». Freud distingue trois types d'inversion : le premier concerne les individus dont l'attirance sexuelle se porte sur d'autres individus de même sexe (homosexualité). Le second, l'« hermaphrodisme psychosexuel », correspond à ce que nous nommons aujourd'hui « bisexualité ». Il désigne l'attirance vers l'un ou l'autre sexe. Le troisième type renvoie à l'homosexualité occasionnelle, motivée par l'absence d'individus du sexe opposé, dans des conditions d'enfermement par exemple (prisons, pensionnats, couvents, etc.). L'apport majeur de Freud est d'avoir totalement écarté l'idée d'une homosexualité congénitale. Freud considère que l'homosexualité et la bisexualité ne sont pas

des maladies. La bisexualité correspond à une période de l'évolution de l'enfant. Selon Freud, du point de vue psychique, tout enfant est un « pervers polymorphe ». Il existe une bisexualité originaire, qui n'est qu'une phase immature d'un développement vers la normalité, qui est l'hétérosexualité. La bisexualité doit être dépassé par la résolution du complexe d'Œdipe. Par la suite, ce sont des facteurs d'ordre culturel qui détermineront l'évolution de l'individu vers l'hétérosexualité, la bisexualité ou l'homosexualité. D'après le père de la psychanalyse, un adulte bisexuel est une personne « inachevée », c'est-à-dire non parvenue à l'achèvement de l'évolution psychosexuelle « normale ». Une telle affirmation nous apparaît aujourd'hui comme totalement dépassée et rétrograde.

Le concept freudien de bisexualité s'est enrichi des découvertes alors récentes de la biologie. Nous savons que chez les humains (comme chez les autres mammifères), les organes et les tissus commencent par être femelles. Il existe une indifférenciation sexuelle de l'embryon jusqu'à huit semaines : « *Une disposition bisexuelle embryonnaire*, écrit Freud, *se modifie au cours de l'évolution jusqu'à devenir monosexualité, en conservant quelques menus restes du sexe atrophié.* » Dans les premières semaines du développement embryonnaire, le sexe chromosomique n'entre pas en compte. À la huitième semaine, les organes génitaux commencent à se former. À ce stade, ils sont exactement semblables chez les garçons et chez les filles. Les caractères masculins sont le résultat d'un message communiqué par le chromosome Y. Certaines cellules produisent des androgènes, dans les tissus formés autour d'une fente appelée « sillon génital ». Chez les garçons, ces tissus fusionneront pour former le scrotum. Chez les filles, ils constitueront la paroi vaginale, et la fente ne se refermera jamais. Une excroissance devient alors visible. Celle-ci se développera pour devenir soit un pénis, soit un clitoris. D'ailleurs, on sait avec certitude, aujourd'hui, que le clitoris n'est pas un « mini-pénis ». Au contraire, c'est le pénis qui est un clitoris « androgénisé ». Le sexe anatomique dépend donc d'une certaine quantité d'androgènes produite à un moment précis du développement de l'embryon. Il en va de même pour le cerveau. Chez les mammifères, le cerveau est, à l'origine, féminin (comme le sexe). Si, à ce moment critique de la vie intra-utérine, la quantité d'androgènes produite est suffisante, elle entraînera chez l'individu adulte un comportement masculin. À l'inverse, si elle est insuffisante, l'organisation cérébrale nécessaire à un comportement masculin ne se produit pas. Évidemment, chez l'homme, beaucoup de facteurs culturels entrent en jeu. Mais il est certain que, contrairement à ce que pensait Freud, le sexe « naturel » n'est pas le sexe mâle. Le père de la psychanalyse ne s'était pas débarrassé des préjugés de son temps, et en particulier du plus tenace d'entre eux : celui qui considère que les femmes sont biologiquement inférieures.

La thèse freudienne a été par la suite complètement abandonnée. Personne n'a jamais réussi à démontrer que dans l'évolution psychologique d'un individu, il demeurait avec le temps quelque chose de cette indifférenciation originaire. La pensée freudienne restait imprégnée d'un certain biologisme, aujourd'hui totalement dépassé. Cependant, le grand mérite de Freud est d'avoir accordé une très grande importance à la bisexualité dans l'élaboration de la théorie psychanalytique. À tel point que les enjeux soulevés par cette notion ont commencé, grâce à lui, à dépasser les champs psychanalytique et scientifique.

Freud avait déjà bien compris que biologiquement, chaque sexe porte en lui des aspects du sexe opposé. La bisexualité biologique prépare le terrain de la bisexualité psychologique. Freud considérait que toutes deux étaient présentes chez l'homme à des degrés divers. Dans certains cas, c'est le biologique qui prime. Dans d'autres, c'est le psychologique. Mais on peut affirmer que les deux sont indissociables. La masculinité et la féminité sont toutes deux présentes à la fois chez l'homme et chez la femme. En général, les hommes redoutent d'être perçus comme féminins, et les femmes manifestent l'envie du pénis. Il est fréquent de rencontrer, chez les hétérosexuels de sexe masculin, une peur d'être considérés comme homosexuels. Cela relève d'une crainte pour leur identité. Cela est surtout vrai dans les pays de culture latine, où le rapport au corps et à la sexualité reste, quoi qu'on en dise, problématique. Combien sont-ils, ces hommes qui, étrangement, éprouvent le besoin de se revendiquer 200 % hétéros ? Les hétérosexuels semblent le plus souvent redouter qu'un désir homosexuel n'affaiblisse leur sentiment d'être totalement ancré dans leur sexe. La peur de l'homosexualité est aussi un fait culturel. En d'autres temps, en Grèce antique, un acte homosexuel était valorisant pour un homme, et était l'occasion d'affirmer sa masculinité. On sait que ces pratiques étaient l'occasion, pour un homme mûr, de transmettre sa virilité à un jeune garçon.

Selon le psychanalyste Robert J. Stroller, Freud a commis deux erreurs majeures dans sa thèse sur la bisexualité :

• Il considérait que l'état mâle était le plus solide, le plus naturel (ce que la biologie contredit, nous l'avons vu).

• Il affirmait que le garçon était destiné à un meilleur destin que la femme, parce que sa relation avec sa

mère est hétérosexuelle. La petite fille doit supporter avec sa mère une relation homosexuelle.

Or, on ne doit pas définir l'homosexualité, l'hétérosexualité ou la bisexualité selon l'anatomie, mais plutôt selon l'identité. « *L'anatomie,* dit Stroller, *n'est pas le destin. Le destin vient de ce que les hommes font de l'anatomie. Le garçon, pour devenir hétérosexuel, doit se dégager de la symbiose entre sa mère et lui.* » Si cette hypothèse est trop gratifiante, il en résulte une grande féminité chez le garçon. Le « maternage » est souvent à l'origine de la crainte de l'homosexualité. C'est pour cela aussi que la bisexualité est beaucoup plus redoutée par les hommes que par les femmes. Lorsque le garçon verra sa mère comme objet séparé de sa propre identité, il pourra désirer une femme. Dès la naissance, le devenir masculin est problématique. La masculinité est un combat contre cette union primaire heureuse, qui, même si elle est dépassée, reste au cœur de l'identité. La menace se trouve dans un désir de régression vers l'état originel. Et pour les femmes, qu'en est-il ? L'homosexualité que constitue la relation mère-fille lors des premiers mois n'est pas forcément une menace. Ce lien augmente plutôt, chez la fille, le sentiment d'identité. Quand la symbiose primaire fait défaut, il arrive souvent que la fille se consacre plus tard à la recherche d'une « bonne mère » dans des relations homosexuelles. Mais en général, cette identification primaire à la mère donne à la féminité des bases plus solides que la masculinité. Selon Stroller, les femmes en analyse prennent moins au sérieux les relations homosexuelles que les hommes. Elles sont souvent, pour les femmes, sans conséquences.

La bisexualité masculine est d'abord une menace dirigée contre le sentiment d'identité de genre, qui reste fragile chez les hommes. On peut affirmer que le sentiment que l'on a d'être un homme est moins solidement ancré que ne l'est, chez les femmes, le sentiment de la féminité. Le sentiment d'appartenance au sexe masculin recouvre une union primitive avec la mère. La bisexualité est donc bien une menace. L'homme est à la fois attiré et terrifié par la perspective d'une nouvelle fusion avec la mère. C'est pour cela que toute sa vie, l'homme résiste à la tentation bisexuelle comme Ulysse résistait au chant des sirènes.

À la recherche de l'unité perdue

L'étymologie du mot sexe est particulièrement riche d'enseignements. Sexe vient du verbe latin *secare*, qui signifie couper, séparer. Les deux sexes, masculins et féminins, se séparent pour s'unir à ce qui leur manque. Par la bisexualité, l'homme se venge de cette « sexion » et tente de récupérer la jouissance du sexe opposé. Être bisexuel reviendrait à refuser la différence sexuelle, en tant que celle-ci implique le manque douloureux de l'autre sexe.

Est-ce pour cette raison que les hommes tiennent tellement au fantasme de l'être bisexué ?
Ovide raconte, dans les *Métamorphoses*, qu'Hermaphrodite (le fils d'Hermès et d'Aphrodite) était d'une telle beauté que la nymphe Salmacis en tomba follement amoureuse. Comme il refusa ses avances, Salmacis implora l'aide des dieux pour s'unir à lui. Elle l'enlaça de force, alors que le jeune

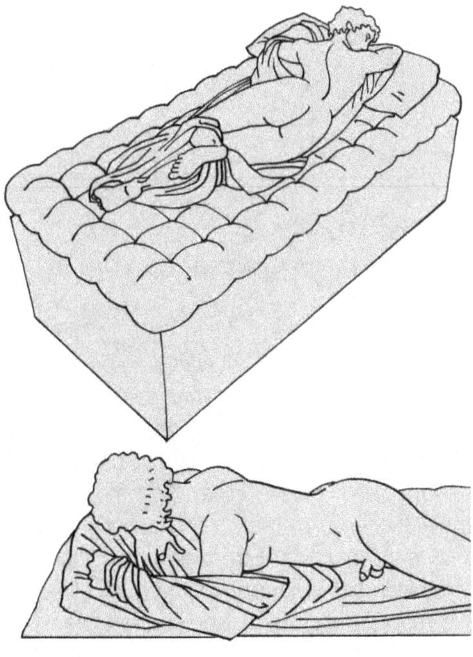

homme se baignait, et ils s'unirent pour ne faire plus qu'un seul être, à la fois masculin et féminin.

Dans la Genèse, il est dit que « *Dieu créa l'homme à son image ; il le créa à l'image de Dieu, et il les créa mâle et femelle.* » (Genèse, I, 28.)
L'homme d'avant la chute est bisexué… Tout comme Dieu ! La première création divine fut donc le parfait androgyne. Dans le mythe grec de l'hermaphrodite comme dans le récit de la Genèse, on retrouve le regret de l'unité, de la perfection perdue. Ce fantasme a une fonction réparatrice envers les blessures que la réalité nous inflige. L'homme est lésé dans son unité. Il est condamné à n'être que la moitié de la chose sexuelle. Il est donc perpétuellement « en manque ». La bisexualité, en tant que fantasme, renvoie à un état idéal où le manque n'existe pas, où la séparation d'avec l'autre est annulée.

Approches contemporaines

Aujourd'hui, les approches de la bisexualité sont très diverses. Dans *Alternative Lifesstyles*, les Américains J. Harry et R. Lovely considèrent que les bisexuels sont des homosexuels « *qui ne s'assument pas* ». Il est plus facile, selon eux, de se dire bisexuel qu'homosexuel. Ce point de vue est encore largement répandu aujourd'hui, y compris chez les homosexuels. Les psychanalystes De Cecco et Shively considèrent, eux, que la bisexualité est une identité à part entière, qu'il s'agit de bien distinguer de l'homosexualité et de l'hétérosexualité. Pour certains mouvements réunissant, en Europe et aux États-Unis, les gays, les bisexuels et les lesbiennes, le recours au biologique est d'ailleurs troublant, et la frontière entre l'inné et l'acquis n'est pas très claire dans leurs propos.

Pour d'autres, il s'agit de refuser catégoriquement l'amalgame qui peut être fait entre homosexualité et bisexualité, et de considérer les bisexuels comme une catégorie spécifique. D'autre part, la sexualité d'un individu n'est pas forcément constante ni définitive. On peut préférer vivre des expériences bisexuelles avec certaines personnes, et rester dans l'hétérosexualité avec d'autres. On peut également récuser l'emploi d'expressions comme « styles de

vie homo ou bi ». Tous les individus pratiquant ces sexualités ont-ils les mêmes valeurs et les mêmes centres d'intérêt ? Parle-t-on de « mode de vie hétérosexuel » ? Méfions-nous des catégories, nous ne vivons plus à l'époque de Krafft-Ebing...
Dans un article *Bisexuality : some comments on research and theory,* A. Mc Donald Jr distingue quatre attitudes sociales envers les bisexuels :

La bisexualité est considérée comme « naturelle ». Cette position implique elle-même trois attitudes :

- à la naissance, nous avons tous le potentiel d'être bisexuel, mais la majorité d'entre nous est orientée par la société pour devenir hétérosexuelle ou homosexuelle ;
- la bisexualité est une condition naturelle qui à la limite existe chez quelques êtres humains dans la majorité des sociétés et à toutes les époques ;
- si la société enlevait ses restrictions sexuelles, la majorité d'entre nous pourrait être bisexuelle au moins pendant une certaine période de notre vie.

La bisexualité est considérée comme « momentanée ». Sont concernées les personnes qui ont envie d'expérimenter une sexualité différente tout en restant attachées à leur orientation sexuelle (homosexuelle ou hétérosexuelle).

La bisexualité est considérée comme « transitionnelle ». La bisexualité ne serait qu'une phase passagère vers l'homosexualité. À l'inverse, un homosexuel qui a des expériences hétérosexuelles finira par devenir exclusivement hétérosexuel.

La bisexualité est considérée comme un déni de l'homosexualité. Les individus se disent bisexuels pour ne pas avouer, à eux-mêmes et aux autres, qu'ils sont homosexuels.
A. Mc Donald Jr affirme qu'il s'agit, contrairement à toutes ces conceptions, d'envisager l'homosexualité, la bisexualité et l'hétérosexualité dans leur spécificité. Il s'agit bien, selon lui, de trois sexualités différentes. Il conclut ainsi son article : « *Malgré l'ampleur du groupe, nous ne connaissons à peu près deux fois rien sur les bisexuels. Comme les échantillons dans les études sur les homosexuels sont biaisés par l'inclusion d'un large nombre de bisexuels, je ne suis pas sûr non plus que nous connaissions grand-chose sur les homosexuels.* »

En général, il s'agit de se méfier de tout ce que les représentations populaires peuvent nous inspirer, et de toutes les tentatives de catégorisation de la sexualité. La bisexualité est complexe et elle varie selon chaque individu.
Vous-même, lecteur, essayez de définir votre propre identité sexuelle. Vos expériences sont-elles en ac-

cord avec la manière dont vous vous définissez sexuellement ? Votre sexualité constitue-t-elle un tout cohérent ?
Même si un homme hétéro n'a jamais eu d'expériences homo, qu'en est-il de ses fantasmes, de ses attirances inavouées, ou de ses préférences amoureuses ? Et si, après tout, nous n'avions tout simplement pas envie de nous définir ? Si nous ne voulions pas faire partie d'une catégorie ? Les critères de la bisexualité ne sont peut-être pas les mêmes pour tout le monde…

Huit cas de bisexualité

Le socio-anthropologue Rommel Mendès-Leité, dans son remarquable ouvrage *Bisexualité, le dernier tabou*, effectue une typologie des bisexuels selon les témoignages qu'il a recueillis. Il isole les huit cas suivants :

1) Le bisexuel « circonstanciel » (ou « bisexuel de base ») est celui qui affirme faire l'amour avec des hommes et des femmes selon les circonstances, les occasions et les situations ;

2) Le « **bisexuel d'une seule femme** » est un homme marié, ou vivant en concubinage hétérosexuel, mais qui ne reconnaît en tout et pour tout qu'une seule aventure féminine (souvent la mère de ses enfants) et dit n'éprouver aucune attirance pour les autres femmes ;

3) Le « **bisexuel à tendance homosexuelle** » est un homme célibataire qui a de nombreux partenaires masculins et éprouve de moins en moins d'attirance pour les femmes ;

4) Le « **bisexuel fortement sexualisé** » explique son désir pour les deux sexes par une sexualité débridée qui l'amène à « saisir la moindre occasion » ;

5) Le « **bisexuel expérimental** » associe la bisexualité à une forme de liberté ou plutôt à un moyen de refuser un enfermement conformiste dans une sexualité figée ;

6) Le « **bisexuel à tendance hétérosexuelle** » est un homme célibataire qui, attiré par la conquête de femmes très féminines, recherche dans ses aventures masculines une certaine androgynie ;

7) Le « **bisexuel souffrant »,** souvent célibataire, se sent mal à l'aise du fait de son incapacité à faire un choix entre ses partenaires en termes de genre ;

8) Enfin, le « bisexuel transitionnel » est un homme qui a vécu une période bisexuelle, ressentie comme une transition entre l'hétéro et l'homosexualité ou vice-versa.

La notion de bisexualité est donc polymorphe et même éclatée. Elle constitue un défi à toute tentative de normativité de la sexualité. Pour constituer ce dossier, nous avons interrogé un grand nombre de personnes, et nous avons choisi ceux que nous avons estimés les plus significatifs. Vous verrez qu'il est presque impossible d'isoler un « bisexuel type » tant les approches de cette sexualité, et les manières de la vivre, sont différentes. À quoi ressemble un bisexuel ? La question demeure sans réponse. À personne, ou à tout le monde. Cette population reste en tout cas bien mystérieuse. Comme l'affirme Rommel Mendès-Leité, la bisexualité est un « *continent secret, inexploré, mystérieux, parfois même pour ceux qui l'habitent, ou ceux qui s'en réclament* ».

Fantaisies terminologiques

Aujourd'hui, le mot « bisexualité » ne suffit plus à certains, qui considèrent qu'il ne reflète pas l'extraordinaire variété des pratiques que permet cette sexualité.
Il existe chez l'homme une propension naturelle à inventer des catégories, à partir desquelles il pourra classer ses semblables. Il devient alors difficile, dans certains cas, de définir un individu dont l'activité sexuelle relève de très nombreuses combinaisons de genres et de pratiques. Comment faire rentrer dans une catégorie précise un individu qui ressent une forte attirance pour les femmes, les hommes, mais aussi les transsexuelles, pratique l'urophilie et de temps en temps le SM ? C'est pourquoi le dernier cri en matière de terminologie sexo est le mot *pansexualisme*. On parle aussi, parfois, d'*omnisexualisme*, et plus rarement de *pomosexualisme* (qui se réfère au post-modernisme – il faut de l'imagination, nous vous l'accordons) ! Ces néologismes désignent bien sûr les personnes attirées par plus d'un sexe (ce qui inclus les transsexuelles non opérées – le « 3e sexe »). Selon elles, le terme de bisexualité est encore trop restrictif. Le *pansexualisme*, c'est l'acceptation de tous les genres, mais aussi la possibilité de goûter à toutes les formes de

sexualité... Y compris celles qui sont considérées comme marginales ou alternatives, comme le SM, par exemple.

Autre terme pointu (dépêchez-vous de l'utiliser, il est encore à la mode) : *trysexual*. Ce néologisme anglo-saxon est formé à partir du verbe *to try*, essayer, et *bisexual*. Intraduisible, il qualifie un individu avide d'expériences sexuelles de tous ordres. Si vous considérez que dans la vie il faut tout essayer au moins une fois, alors bravo, vous êtes un *trysexual*.

Le drapeau de la « Bi pride »

Communautarisme, quand tu nous tiens ! Les gays ont leur drapeau, pourquoi pas les bi ? La symbolique des couleurs est la suivante : la bande rose pour l'homosexualité, la bande bleue pour l'hétérosexualité, et la bande violette, mélange des deux couleurs, représente bien sûr le mélange des genres. L'étroitesse de cette bande, si on la compare aux deux autres, exprime l'absence de visibilité des bisexuels dans notre société.

2. qui sont les hommes bi ?

Paroles d'hommes bisexuels

On a réellement commencé à parler de bisexualité masculine au moment du début de la pandémie de sida. Il est arrivé – et malheureusement, cela arrive encore – qu'une femme hétérosexuelle vivant en couple se retrouve contaminée par le virus HIV à cause des aventures homosexuelles (discrètes) de son mari. Les bisexuels ont alors été stigmatisés. On s'est rendu compte qu'une partie plus importante qu'on ne le pensait de la population masculine officiellement hétéro avait fréquemment des relations sexuelles avec des personnes du même sexe. Ainsi, Xavier, 35 ans, divorcé, affirme que lorsqu'il était marié, il sentait bien « *que quelque chose ne fonctionnait pas. Au bout d'un an seulement de vie commune,* raconte-t-il, *j'ai commencé à avoir moins envie de faire l'amour avec ma femme. Et quand nous le faisions, je ne pouvais pas m'empêcher de penser aux hommes que j'avais côtoyés dans la journée. J'étais de plus en plus malheureux dans mon couple. J'ai fini par faire une dépression. Je m'en suis sorti grâce à une thérapie, qui m'a donné le courage de regarder en face ma bisexualité. Aujourd'hui, je suis célibataire et j'ai de fréquentes aventures avec des personnes des deux sexes.* » Xavier est incapable de parler de sa bisexualité avec quiconque. Il a l'impression qu'il ne serait pas compris. « *J'évite de dire à mes partenaires que je suis bi. C'est difficile de se sentir en permanence dans l'"entre-deux"... Ce serait beaucoup plus facile si j'étais gay !* »

Bertrand, cadre de 28 ans, est jeune marié. Il a un enfant. Selon lui, son enfance, et notamment sa scolarité, ont grandement déterminé ses orientations sexuelles, notamment en ce qui concerne son attirance pour les autres garçons. « *À l'âge de douze ans, mes parents m'ont mis en pensionnat, et je me souviens que dans cet univers masculin, j'ai ressenti très tôt une attirance envers les garçons. Il ne s'est jamais rien passé, mais je me souviens d'amitiés très fortes, presque homosexuelles. Vers dix-huit ans, à ma sortie de l'internat, j'ai commencé à m'intéresser aux filles. Je suis tombé amoureux à vingt ans de celle qui allait plus tard devenir ma femme. Je me considère comme hétérosexuel. Mais il m'arrive, à peu près deux fois par mois, d'avoir des expériences avec des hommes. Je n'en parle pas avec ma femme, car j'ai peur de ne pas savoir m'expliquer. Je ne parviens pas moi-même à analyser ce que ressens. J'aime faire l'amour avec ma femme, mais avec un garçon, c'est différent. C'est purement sexuel, en fait. Je ne pourrais jamais tomber amoureux d'un homme, enfin, je ne crois pas... Il y a un côté direct avec les hommes. On va sur un lieu de drague ou dans un bar gay, et dans la demi-heure, on trouve quatre ou cinq personnes disponibles pour ce que l'on cherche. Avec les filles, c'est plus long, plus difficile, mais aussi, sans doute, plus flatteur pour l'ego.* »

Lionel, 36 ans, est marié. Il a deux enfants, dont un d'un premier mariage. Il aime les femmes, mais avoue se sentir totalement bouleversé à la vue d'un sexe masculin. « *Je suis,* dit-il, *complètement dingue des femmes. Mais il m'arrive également d'être excité à la vue d'un sexe masculin, même si je ne suis pas du tout attiré par les hommes. Il y a quelques années, lors d'une soirée un peu débridée avec quelques amis, l'alcool aidant, je me suis "lâché" : pour la première fois, j'ai sucé une bite, et j'ai vraiment adoré ça. Depuis, je continue à pratiquer la fellation sur des hommes, parfois des transsexuelles (un corps de femme et un sexe d'homme, le rêve !). J'aime faire l'amour avec des femmes, mais me mettre une queue dans la bouche est une pratique qui me procure un plaisir extrême. Je tiens à préciser que je m'arrête là. Je ne me suis jamais fait sodomiser autrement que par une femme, au gode ceinture. Ce que j'aime, c'est sucer et branler la bite d'un homme, c'est tout ! Alors, suis-je bisexuel ? Je ne sais pas, cette notion me paraît très floue. Disons que j'avais cette envie et que je suis passé à l'acte, parce que j'ai la chance de n'avoir aucune inhibition sur le plan sexuel. Mais je ne dois pas être le seul hétéro à fantasmer sur la bite des mecs !* »

Ludovic, lui, est représentatif d'un autre cas de figure. Jeune célibataire de 28 ans, il est farouchement indépendant et refuse de s'installer en couple, étant incapable de dire s'il préférerait vivre avec un homme ou avec une femme. Il correspondrait donc parfaitement à ce que l'on appelle « bisexualité », dans la mesure où son investissement affectif peut se porter indifféremment sur l'un ou l'autre sexe. Cependant, Ludovic refuse de se considérer comme bisexuel. Il ne cautionne d'ailleurs aucune catégorie sexuelle : « *J'aime faire l'amour avec des femmes,* dit Ludovic, *mais aussi avec des hommes. Je peux tomber amoureux d'un homme comme d'une femme, selon mes rencontres. C'est ce que l'on appelle être bisexuel, n'est-ce pas ? Mais je ne vois pas l'intérêt de définir des identités. Je vis bien cette sexualité, mais je ne veux pas revendiquer quoi que ce soit. Je crois que c'est une erreur de la part des gays de fonder leur identité sur leur sexualité. Dire : je suis homo, bi, hétéro, qu'est-ce que cela peut bien apporter ?* »

Internet regorge, on le sait, de témoignages intéressants. Celui d'Edvard Stokien, intitulé « Êtes-vous bitophile ? », sur le site www.vassilia.net, a retenu toute notre attention, car il nous semble exprimer avec une grande justesse l'attirance purement sexuelle ressentie par les hommes bisexuels à l'égard du sexe masculin. Nous en avons retranscrit ici un très large extrait :

« Je suis un amoureux fou du corps féminin. [Cependant], il m'est arrivé, parfois, d'avoir l'occasion de tripoter, voire de sucer un sexe masculin. Il se trouve que la vue d'une belle queue m'excite terriblement, et que la mettre dans ma bouche me procure un plaisir extrême. J'ai aussi un bon souvenir des très rares sodomies que j'ai subies !
[…] Je ne suis absolument pas attiré par les hommes d'une façon générale. […] J'ai pu constater qu'à part leur queue, les autres parties de leur anatomie m'indifféraient totalement. Par ailleurs le rôle actif dans ces relations ne m'intéresse pas et je ne le pratique que par courtoisie de réciprocité (masturbation ou fellation de mon propre sexe, ou sodomie du partenaire). Je ne pratique pas non plus l'anulingus avec les hommes (quel que soit le sens, alors que je suis friand de cette pratique avec les femmes). Et enfin je n'embrasse sur la bouche que si le partenaire y tient. […]
[Concernant] les travestis, ou plutôt les transsexuelles, comment voulez-vous que je ne craque pas devant ces créatures qui cumulent la beauté du corps féminin et le port arrogant de la bite ?
Voici un comportement sexuel bien bizarre m'étais-je dit […]. Avant de me rendre compte que j'étais loin d'être tout seul dans ce cas.
Il existe à Paris une sorte de club, en fait ce sont deux salles dans lesquelles sont projetées des vidéos. La première salle est consacrée aux films gay

et la deuxième aux films hétéros. Que constate-t-on ? Dans la salle gay, les attouchements entre spectateurs sont fréquents, et n'ont sans doute rien de surprenant. Certains font des va-et-vient incessants entre les deux salles. Rien de troublant là-dedans, on peut toujours se dire qu'il s'agit de bisexuels "classiques".
Mais, et c'est là que ça donne à réfléchir, certains vont rester dans la salle hétéro, se régaler à ce qu'ils observent à l'écran et chercher des contacts avec d'autres spectateurs. La plupart du temps ce type de participant va faire un bref petit tour dans l'autre salle, uniquement par curiosité, mais va revenir en vitesse, n'étant intéressé ni par le film gay ni par ceux qui s'en délectent ! Qui sont ces gens que les films gays n'intéressent pas, qui bandent à la vue d'un film hétéro et qui cherche à faire des trucs avec la bite du voisin ? Oui, je sais, j'entends les voix des sexologues qui vont nous ressortir leur grande théorie sur la misère sexuelle. Tout n'est d'ailleurs pas faux dans ce genre de discours... mais il n'explique pas tout... Je peux en effet vous affirmer que certains personnages rencontrés en ces circonstances donnaient véritablement l'impression d'être parfaitement bien dans leur peau !
Non, je crois simplement que la notion de bisexualité est trop vague, recouvre des réalités et des attitudes qui n'ont rien à voir les unes avec les autres. »

Bisexualité masculine et libertinage

On peut imaginer que ceux qui fréquentent le milieu échangiste sont plutôt ouverts aux multiples facettes de la sexualité, et toujours friands de nouvelles expériences. Mais ce milieu obéit en fait à un grand nombre de codes comportementaux. Si un couple inexpérimenté considère que les clubs libertins sont des espaces de liberté où l'on peut laisser libre cours à toutes ses pulsions, il se trompe. Contrairement à ce que l'on pourrait croire, les tabous ne sont pas absents de ce milieu. Et la bisexualité masculine en est un. La bisexualité féminine, elle, est incontournable. En fait, beaucoup de libertins considèrent qu'une femme non bi n'a rien à faire dans un club échangiste. Les câlins entre femmes sont même extrêmement valorisés dans les clubs. Ils constituent souvent le premier pas entre deux couples. En revanche, si de trop audacieuses mains masculines s'aventurent sur le corps d'un homme, cela peut valoir l'expulsion immédiate de leur propriétaire. Et pourtant, comment concevoir une mêlée libertine sans que des corps masculins se frôlent ? Dans la pénombre, il est parfois difficile de distinguer de quel genre relèvent ces mains ou ces bouches...

Les libertins interrogés lors de la conception de ce

livre nous ont ouvert les yeux sur le fossé qui sépare le discours de la réalité. Michael, libertin expérimenté, nous a confié : « *J'adore voir ma femme se faire prendre devant moi par un autre homme. Mais je tiens à ce que cet homme me plaise, qu'il soit beau. D'une certaine façon, c'est comme si je me mettais à la place de ma femme. J'essaie de partager le plaisir qu'elle éprouve avec cet homme. Alors, cela relève peut-être d'une certaine bisexualité, je ne sais pas...* »

Bertrand, lui, considère qu'il existe dans certaines pratiques, une indéniable bisexualité : « *Dans une double pénétration, on ressent le sexe de l'autre homme. C'est très agréable, j'ai l'impression de me masturber contre une autre bite ! Pourtant, je ne suis pas bi !* »

Jérôme, pour sa première expérience en club, a vécu une expérience homosexuelle sans le savoir : « *J'ai ce soir-là reçu une fellation experte. Dans la pénombre, je ne distinguais qu'une chevelure blonde. Ce n'est qu'après avoir joui que je me suis rendu compte qu'il s'agissait qu'un très beau garçon aux cheveux longs ! Je l'ai bien pris. De toute façon, c'était trop tard. Et c'est quand même un très bon souvenir !* »

Éric, 33 ans, dénonce les idées reçues : « *On se fait une fausse image de la bisexualité masculine. On imagine des hommes se faisant sodomiser, alors qu'en règle générale, dans les soirées bi, on s'arrête aux caresses, masturbation et fellation. Et puis, certains sont bi occasionnels (ceux qui pensent qu'il faut tout essayer), d'autres bi légers, d'autres encore bi actifs.* »

Il suffit de regarder les annonces des sites de rencontres libertines (netechangisme.com, par exemple), pour s'apercevoir qu'environ 8 % des annonces publiées viennent de « couples dont homme bi ». Et encore, il ne s'agit là que des bi qui assument. Combien sont les « bi qui nient », comme le dirait Marc Jolivet ? Dans les clubs, la bisexualité masculine ne s'épanouit que lors des « soirées bi » ou dans les saunas spécialisés. Mais si au hasard de vos aventures libertines, vous rencontrez un « couple dont homme bi », ne vous inquiétez pas, Monsieur, et n'oubliez pas que rien est obligé. Le respect mutuel doit toujours être le maître mot dans le libertinage.

Conseils à l'usage des hommes qui ne se sont jamais occupés (sexuellement) d'autres hommes.

Vivre une expérience bisexuelle implique de renoncer à nos repères culturels habituels. On associe souvent l'activité à la virilité, et la passivité à la féminité. Si une femme est trop active, notamment sexuellement, on dira qu'elle est masculine. Un homme effacé, peu actif sur le plan sexuel, sera considéré comme efféminé. En effet, ce schéma actif/passif, dominant/dominé se retrouve dans le langage : c'est l'homme qui fait l'amour à la femme, qui la prend, la baise, etc.
La pornographie prend le relais de ces représentations. En général, dans un film X, c'est l'homme qui est à l'initiative du rapport sexuel. Il se sert de la femme comme d'un instrument qui le mènera à la jouissance. L'orgasme masculin est systématiquement associé à une éjaculation survalorisée : la femme reçoit le sperme dans la bouche, ou sur le visage. Dans la pornographie, la femme jouit de se sentir « prise », parfois par plusieurs hommes. Si elle fait l'amour avec une autre femme, son orgasme sera vaginal ou anal, le clitoris étant le plus souvent

ignoré. Nous parlons ici de la production pornographique industrielle, formatée pour plaire à ce qui est censé correspondre à la sexualité du plus grand nombre. Nous ne doutons pas qu'il existe une pornographie intelligente, qui ne se contente pas de chercher la rentabilité à tout prix en exploitant des clichés. Mais celle-ci est rare, et malheureusement, trop d'adolescents font aujourd'hui leur éducation sexuelle en regardant des films pornographiques. Ce qui les mène à une méconnaissance de leur propre corps, et à une série de malentendus sur la sexualité. Comme celui, par exemple, qui consiste à dire qu'un homme ne doit faire l'amour qu'avec des femmes sous peine de perdre sa virilité.

Un homme bisexuel est quelqu'un qui a su se débarrasser de ce cliché. Il sait que faire l'amour avec un autre homme est bien loin d'être dégradant. Désirer un homme, avoir envie de lui procurer du plaisir et franchir le pas, est non seulement un acte totalement naturel mais une étape très importante, un acte de libération. C'est renoncer à des représentations encore très présentes dans notre culture. C'est peut-être aussi la première étape vers une sexualité complète et épanouie.

Apprendre à ne plus être seulement actif, est-ce un premier pas vers la bisexualité ?

Oui, peut-être, mais le plus important, c'est que cela procure un immense plaisir ! Hommes, laissez-vous aller aux caresses dont vous avez envie. Lâchez prise. N'écoutez que votre désir. Concentrez-vous sur ce que vous ressentez. Redécouvrez cette immensité perdue qu'est votre corps.

APPRENEZ À CARESSER UN HOMME

Il peut être très excitant, Monsieur, de vous masturber à côté d'un autre homme. La masturbation peut être effectuée côte à côte, réciproquement ou en alternance. Si vous comptez aller plus loin avec lui, il vous sera très utile de savoir comment il se masturbe. Regardez avec attention les mouvements de sa main sur son sexe.

Quant à vous, prenez plaisir à montrer comment vous savez vous amuser tout seul. S'exhiber en train de se livrer à une activité que depuis l'adolescence on a pris l'habitude de cacher est un acte très fort. Pour un homme, il est souvent plus difficile de le faire devant un partenaire du même sexe que devant une femme. Si vous éprouvez la moindre gêne, parlez-en. Il peut être stimulant de surmonter cet embarras avec l'aide de l'autre. Cela instaurera un climat de confiance qui aidera votre esprit à se libérer.

Si vous désirez masturber un homme, n'allez pas chercher midi à quatorze heures. Branlez votre partenaire comme vous aimez vous branler. Donnez du plaisir à l'autre comme vous savez si bien vous en procurer à vous-même. Bien sûr, on ne masturbe pas un partenaire sexuel rencontré au coin d'un bois comme on le fait dans le contexte intimiste d'un salon ou d'une chambre à coucher. Si votre partenaire peut s'allonger confortablement, placez-vous à genoux entre ses cuisses. Branlez-le d'une main, et caressez-lui les testicules de l'autre. Pensez à serrez vos doigts lorsque vous les remontez autour du gland, et à les desserrer en descendant, tout en effectuant un mouvement de torsion. Cette technique est celle du « tire-bouchon ». Tâchez autant que possible de garder le même rythme, et surtout, soyez attentif à ses réactions. Demandez-lui de vous guider. Pendant les premières fois au moins, n'hésitez pas à vous renseigner sur ses goûts en le questionnant.

COMMENT SUCER UN HOMME ?

Vous adorez qu'on vous le fasse mais vous ne l'avez encore jamais fait. Vous voilà finalement dans le contexte le plus propice pour effectuer votre première fellation. Si c'est la première fois, ne vous affolez pas, vous serez certainement un peu maladroit. Le plus simple est de faire comme si son pénis était un bâton de crème glacée. Tenez-le avec deux doigts par la base, et promenez votre langue sur la hampe. Évitez de donnez de petits baisers autour de son sexe, surtout s'il est chatouilleux ! Aspirez le gland, puis descendez doucement pour l'engloutir le plus loin possible, et remontez. La partie la plus sensible du sexe masculin étant le gland, vous pouvez le prendre en bouche tout en branlant la hampe. Il est aussi très agréable pour votro partenaire de se faire prendre le sexe sur les côtés de votre bouche. Le contact du gland avec l'intérieur des joues est délicieux ! Vous pouvez également lécher les testicules, mordiller la hampe, et toutes les variantes dont votre partenaire sera le plus friand ! Là encore, soyez à l'écoute, et laissez-le vous guider. N'oubliez pas de formuler ce que vous ressentez : le plaisir du sexe passe avant tout par une communication sans tabou ! Faites des commentaires sur la fermeté de son érection, dites-lui que vous aimez le goût de sa queue, demandez-lui s'il apprécie ce que vous lui faites, etc. Petite précision : inutile d'être bien élevé dans ces circonstances. Si vous sentez votre partenaire réceptif, soyez cru et direct dans vos mots.

Si vous menez votre partenaire jusqu'à l'éjaculation, maintenez une pression constante, mais ralentissez les va-et-vient, ou arrêtez-les complètement. La couronne du gland est extrêmement sensible à ce moment-là !

Petits raffinements pour suceurs confirmés :

Essayez de fredonner pendant que vous sucez : cela procure de délicieuses vibrations ! Crachez sur le sexe de votre partenaire, si possible en faisant du bruit, c'est beaucoup plus cochon ! Essayez la pipe à l'eau gazeuse, au Champagne, avec n'importe quel liquide contenant des bulles. Frissons et voluptés garanties !

La fellation peut également s'accompagner de caresses du périnée (cette zone si sensible chez la gent masculine, qui est située entre le scrotum et l'anus), et de toute la zone anale, très innervée. Il est fréquent que les hommes apprécient un petit massage de la prostate pendant la fellation (voir plus loin, notre chapitre sur le point G masculin).

Erik Rémès, dans *Osez les conseils d'un gay pour faire l'amour à un homme*, révèle aux femmes, en connaisseur éclairé, les secrets d'une fellation réussie. Bien entendu, il serait dommage que les hommes ne profitent pas eux aussi de ces précieux conseils !

« *Pour faire une bonne pipe, il faut se détendre au maximum, ne pas être raide et se laisser aller. Les lèvres et la langue sont les sources majeures des sensations. Là encore, tout est question de doigté, de prise en bouche. Commencez par lécher le gland, puis continuez le long de la face externe, sur le filet, avec la pointe de la langue (un des points les plus sensibles). Prenez délicatement le membre viril dans votre bouche goulue et faites un lent et doux mouvement de va-et-vient de plus en plus profondément tout en faisant une légère succion. Lorsque l'engin commence à prendre des dimensions indécentes pour vos chastes mâchoires, adoptez un rythme de croisière un peu plus rapide et régulier. Assurez-vous bien de ne pas sucer avec les dents, cela peut-être très désagréable. Ouvrez votre bouche en la protégeant de vos dents avec les lèvres (pour ne pas faire mal). Introduisez la bite*

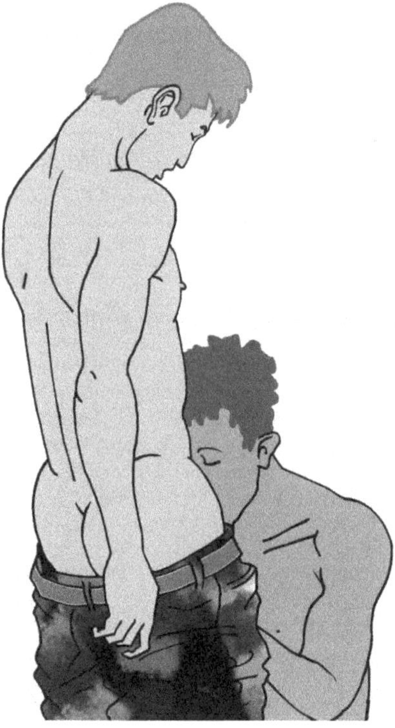

doucement. Bougez la tête de haut en bas, ne vous arrêtez pas. Vous pouvez fermer les yeux et vous laisser submerger par les sensations, ce goût de paradis qui telle une confiserie, vous envahit. Goûtez le fermeté des chairs, le velouté des tissus. Suçotez le gland, aspirez-le, mordillez-le, léchez le frein. Léchez en faisant des mouvements circulaires avec la langue. Alternez en suçant comme un bonbon. Avalez lentement vers le bas, mesurez avec délectation, un à un, les centimètres que vous parcourez, puis remontez doucement. La sensation du sucé sera voluptueuse, englobante, totale. Ne retirez pas votre bouche brutalement et ce surtout lors de l'éjaculation. Rien n'est pire que de jouir dans le vide. À moins que vous n'ayez prévenu votre partenaire que vous n'avalerez pas. Léchez et sucez tel un esquimau. »

Note sur les précautions à prendre avant de faire une fellation à un inconnu :

Nous tenions à citer *in extenso* ce chapitre car il décrit selon nous à merveille les délices de la fellation. Cependant, vous n'êtes pas obligé d'appliquer ces conseils à la lettre, surtout en ce qui concerne la toute dernière partie. En effet, évitez d'avaler le sperme d'un homme que vous connaissez peu et dont vous ignorez la sérologie. En effet, concernant le VIH, la fellation est une pratique dite « potentiellement contaminante ». Dans l'état actuel des connaissances médicales, si la bouche de la personne qui suce et le pénis sucé ne comportent aucune lésion, le risque est pratiquement nul. Mais si la personne qui

suce est séropositive, et que le sexe sucé souffre de micro lésions, la salive mêlée au sang peut être contaminante.
Si la personne sucée est séropositive, les liquides séminaux et le sperme peuvent contaminer la personne qui suce si sa bouche comporte des lésions.
Si vous sucez plusieurs personnes successivement, utilisez un nouveau préservatif à chaque fellation.

Michael Biermann, dans *Les trente jours de Marseille*, décrit magistralement ce que peut ressentir une femme lors d'une fellation. Cet extrait est la réponse d'une femme à un homme qui justement se demande comment il faudrait qu'il s'y prenne avec un sexe d'homme en main et en bouche. Alors, avant d'oser enfin, messieurs, lisez attentivement ces conseils…

« *Une petite fellation ! Tu n'as jamais sucé un garçon, Antoine ?*
— À vrai dire, Léonore, je n'ai jamais fait ça. Pourtant j'aimerais essayer une fois pour voir comment c'est. Je m'imagine ça tout à fait étrange.
— Je vais essayer de t'expliquer un peu le secret de la turlutte, l'art de tailler une plume, la manière de faire un houka ou, si tu préfères, comment pratiquer une fellation.
Tu vois, vos bites ont l'habitude que l'on s'occupe d'elles. C'est dur de vous branler de la main, puisque vous, en vous branlant, leur avez donné des habitudes, et plus rien d'autre ne marchera en-

suite vraiment bien. La main fermée sur la tige ? Du bout des doigts ? En couvrant le gland de peau, durement puni par le duc au château de Silling ? En frottant, en tirant, en branlant ? Oh, vous jouirez bien tous, un moment donné, mais pour que ce soit un délire, votre foutre lancé fort et loin, des belles paroles vociférées, il faut y mettre de l'art. Ou alors il faut y mettre la bouche. La bouche, ça marche à fond ou ça ne marche pas du tout, parce qu'il faut une certaine confiance en la bouche, qui pourrait quand même faire très mal.

J'aime beaucoup sentir les bites toujours molles après un quart d'heure de branlade, s'enfler enfin quand je les mets dans la bouche. Intéressante sensation de produire un bâton de chair, menaçant de t'étouffer, à partir d'un petit escargot sentant la pisse. Comme la peau d'un pénis est douce ! Je crois bien que le gland est l'endroit le plus doux de tout le corps d'un homme.

Ensuite il faut, bien sûr, un peu de technique et de bon sens. Mais je ne crois pas que ce soit la bouche elle-même qui fasse jouir finalement. Elle a le palais trop dur, les dents trop en saillie, une profondeur trop limitée, même si une langue adroite et une abondante salive peuvent pallier un peu ses défauts. Non, je crois que c'est surtout l'idée qui vous fait de l'effet, l'idée d'occuper de vos vits cet orifice par où normalement entre l'air, disparaît la nourriture et d'où sort la parole. Jouir dans nos cons ou nos

culs n'a rien d'extraordinaire, vous croyez qu'ils sont faits pour ça, des vases creux et doux pour y déposer votre affaire. Mais remplir nos bouches de votre chair et de votre lait, comme si on voulait manger un peu de vous, vous semble miraculeux, ces bouches que vous pouvez regarder parler ou manger parmi les gens, en pensant : "Il y a une heure, cette bouche était pleine de moi. De ces lèvres, qui sourient à un inconnu, coulait mon foutre. Cette gorge si innocente l'a avalé." L'idée de violer l'orifice public, d'en abuser, de la détourner de son sens, fait jaillir votre foutre d'autant plus facilement qu'elle est consentante.
Moi, j'aime sucer certains hommes, parce que la peau de leur bite est douce, la naïveté avec laquelle ils la mettent entre mes dents est adorable et leur jouissance un bonheur auquel je goûte ainsi directement, parfois crachant, parfois avalant, selon l'humeur, la saveur, l'envie. »

Michael Biermann, *Les trente jours de Marseille*, éditions Climats, 1996.

Le point G masculin

« L'anus est le point G de l'homme. » Rocco Siffredi, interview à *Têtu* (n° 86, février 2004).

Vous avez tous entendu parler du point G féminin (du nom du professeur Grafenberg, son découvreur) situé à quatre centimètres environ de l'entrée du vagin, sur sa paroi supérieure. Si l'existence de cette zone érogène chez les femmes est encore très controversée (notamment par les féministes), il n'en est pas de même pour les hommes. Le point G masculin existe bel et bien. Contrairement au point G féminin, sa localisation correspond à un organe bien précis : la prostate. Pour atteindre le point G d'un homme et le stimuler, il n'existe pas d'autre moyen que de lui enfoncer un doigt dans le rectum ! Demandez à votre partenaire de s'allonger sur le dos, les jambes relevées, les pieds bien à plat. Variante : couché sur le côté, jambe du dessus remontée sur la poitrine. Lubrifiez correctement un de vos doigts (veillez à respecter une hygiène scrupuleuse) et aventurez-vous le long de la paroi rectale antérieure. Vous devriez bientôt sentir un petit renflement. Massez-le de haut en bas. Si vous parvenez à distinguer les deux lobes de la prostate, massez-les alternativement. Il est possible de procurer un orgasme à un homme de cette manière-là, sans même toucher son sexe ! Les amateurs de cette

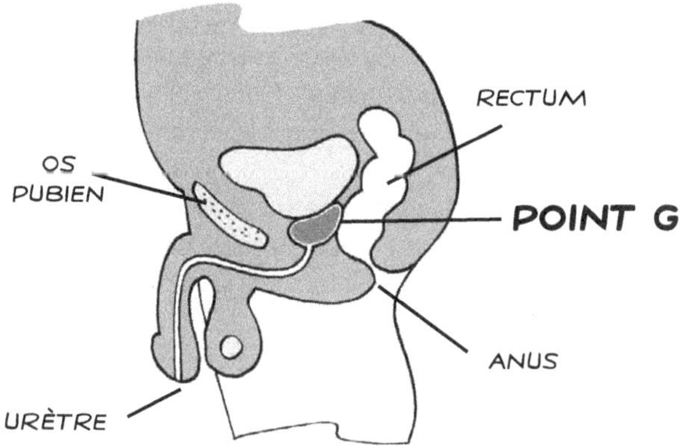

pratique affirment même que les orgasmes obtenus de cette manière sont beaucoup plus intenses. Vous pourrez d'ailleurs observer que la stimulation prostatique fait jaillir le sperme en jet continu au moment de l'orgasme, plutôt qu'en jets saccadés.

Le plaisir absolu pour un homme consiste à se faire sucer tout en se faisant masser le point G. Extase garantie ! On peut aussi stimuler la prostate de manière indirecte à l'aide d'un vibromasseur. Il existe un sextoy spécialement conçu pour stimuler le point G masculin. Il s'appelle « Aneros » et agit simultanément sur la prostate et le périnée.

Le point G masculin peut provoquer un véritable feu d'artifice orgasmique, il peut aussi simplement agacer ou provoquer une subite envie d'uriner. Si c'est le cas chez votre partenaire, cela n'est pas forcément dû à votre manque de maîtrise du geste. Il faut savoir que les hommes réagissent très différemment à la stimulation prostatique. Quoi qu'il en soit, un simple doigté anal, c'est un plaisir intense quasiment assuré !

Jouez avec l'anus de votre partenaire. Après avoir lubrifié vos doigts et l'orifice de salive ou de lubrifiant (la deuxième solution est toujours la meilleure), massez doucement les plis de l'anus. Écartez bien les fesses de vos deux mains (c'est déjà très excitant en soi). Si vous le désirez (et votre partenaire aussi), donnez quelques coups de langue. Variez les plaisirs : de grandes léchouilles avec la langue à plat, des explorations plus intimes avec la langue tendue en avant qui vient darder à l'intérieur du rectum… Faites des bruits de salive, des bruits de succion, des « hummmm » qui feront vibrer le sphincter et exciter délicieusement ses nerfs. Massez circulairement l'anneau, pressez en son centre avec le pouce (sans pénétrer), appuyez lentement et fermement avec vos deux pouces autour de l'orifice. Alternez les pressions au centre et à la périphérie. Risquez le bout d'un doigt dans la caverne étroite. Demandez à votre partenaire si cela lui plaît, s'il a envie que vous continuiez. Si c'est oui, alors lubrifiez, et partez en spéléo ! Utilisez, par exemple, la technique de la chiquenaude. Poser votre index détendu devant l'orifice puis tendez le et rentrez doucement. Si votre doigt est suffisamment lubrifié, pratiquez un va-et-vient en tournant votre doigt. On appelle cela vriller l'anus. Décollage assuré !

LA PÉNÉTRATION ANALE

Pour expérimenter les délices de la pénétration anale, que vous soyez donneur ou receveur, il convient de se débarrasser d'un préjugé fortement ancré : l'anal, ça fait mal !
Rien de plus faux. Le sexe anal ne doit procurer que du plaisir. Si vous sentez la moindre douleur, arrêtez tout de suite ! Objectivement, il n'y a aucune raison pour que la pénétration anale cause la moindre douleur. Cependant, l'anus étant une zone plutôt sensible, il convient de prendre quelques précautions et de préparer au mieux votre terrain de jeux !
Quand le gland se présente à l'entrée de l'anus, il peut être utile que le receveur exerce une petite poussée. Cela permet de bien détendre les sphincters !
Celui qui est pénétré doit respirer profondément, toujours pour se détendre. Ce barreau de chair gorgé de désir, il faut qu'il le veuille bien au fond de lui. C'est toujours le désir qui est gage de réussite.
Quand l'enculeur se trouve tout entier à l'intérieur, il est préférable qu'il ne bouge pas pendant un moment, le temps que l'enculé s'habitue à ce corps étranger qui va bientôt lui limer l'arrière-train ! Une

fois bien détendu et dilaté, l'anus pourra accueillir de voluptueux va-et-vient sans la moindre douleur ! Diverses positions sont possibles pour l'enculade. Missionnaire, cuillère, levrette... Pour la sodomie, que le coït soit hétéro ou homo, il n'y a aucune différence. Si le receveur est installé accroupi au-dessus de son partenaire, en lui faisant face ou en lui tournant le dos, cela permet une meilleure maîtrise du degré de pénétration, et une détente optimale des muscles du sphincter. Dernière recommandation : c'est toujours le receveur qui doit donner le rythme, et maîtriser le jeu du début à la fin.

Note :
Attention : la sodomie est une pratique à hauts risques en ce qui concerne la transmission du VIH. Utilisez un préservatif lors de chaque rapport, ainsi qu'un lubrifiant à base d'eau. Si vous avez plusieurs partenaires, veillez à ce que vos doigts ne passent pas d'un anus à l'autre sans vous être lavé les mains !

LE GODE CEINTURE

Messieurs qui vivez en couple avec une femme, sachez qu'une délicieuse façon de s'initier à la sodomie, hormis celle qui consiste à s'empaler en solo sur un gode, est d'harnacher votre compagne d'un gode ceinture. On les trouve dans tous les sex-

shops dignes de ce nom. Ils sont en latex, en gélatinex ou – c'est le nec plus ultra – en cyberskin. Ils peuvent faire partie d'un slip que Madame enfile, ou s'attacher à la taille avec des sangles. Notre conseil pour choisir un gode ceinture : opter pour le système de fixation le plus simple possible. Un gode ceinture ne doit pas être trop long à mettre. Les lanières de cuir qui s'emmêlent et les fixations difficiles à régler, cela énerve et casse l'excitation ! Le mieux est de choisir un gode ceinture équipé du système « vacu-lock ». Il vous permettra de varier les plaisirs car différents godes peuvent alors s'adapter dessus.
Le plaisir qui consiste, pour une femme, à posséder son homme, est très fort car c'est une véritable inversion des rôles sexuels traditionnels. L'homme doit faire preuve d'un total « lâcher prise » pour se

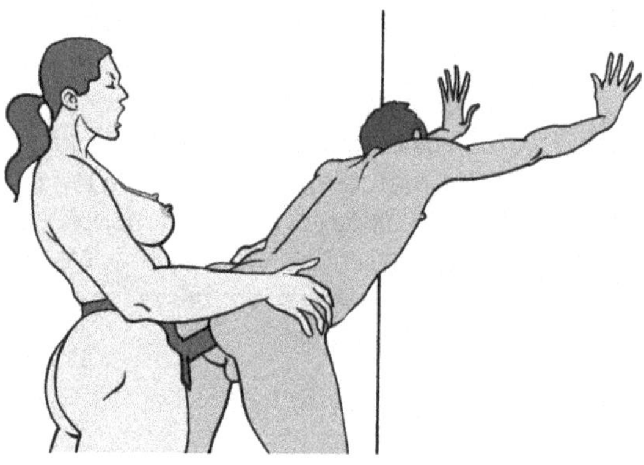

retrouver à la merci d'une femme qui le pénètre. Confiance et complicité au sein du couple sont indissociables de cette pratique. Il procure une intense excitation et un plaisir extraordinaire.
Clara, 47 ans, libertine parisienne, aime les hommes bisexuels et regarder des films gay. Elle fréquente régulièrement un amant bisexuel, avec lequel elle est devenue adepte de l'engodage masculin : *« C'est avec mon amant que j'ai découvert les jeux de godes, et j'ai trouvé ça génial, de sodomiser un homme. Au départ c'est mon amant qui a formulé la demande. Je ne voulais pas le faire. Il m'a dit tout simplement : "Tu le feras, parce que je te le demande". Ca n'avait rien à voir avec une demande de rapport dominant/dominé. C'était moi qui était soumise à ce qu'il m'avait demandé. Il s'agissait juste d'une recherche de plaisir. J'aime cette sensation de contrôler notre rapport. Et surtout, j'ai vraiment l'impression de le faire jouir comme il me fait jouir. Je suis sûre que les hommes ouverts de ce côté-là sont les meilleurs amants. Ce sont forcément les plus ouverts d'esprit, et les plus à l'écoute de leur corps. Un autre avantage de cette pratique, c'est que le dispositif du gode ceinture appuie sur le clitoris pendant que j'encule mon homme. Nous arrivons ainsi à jouir ensemble, en même temps ! »*

3. « couple, les 2 bi, cherche couple même profil »

Laurine et Vincent Chatel forment un très beau couple, à l'intelligence sexuelle exemplaire. Leur ouvrage *Libertinage, Mode d'emploi* (Éditions Alize, 2003) est une véritable mine pour tous ceux qui veulent se lancer dans une sexualité libre et ludique. Ils ont fait leur double coming out, libertin et bisexuel, dans l'émission de Jean-Luc Delarue, *Ça se discute*, diffusée sur France 2 le 16 février 2005.

Pierre Des Esseintes : Vous êtes-vous toujours sentis bisexuels ?

Vincent : Oui. J'ai été élevé comme la plupart des gens, dans l'état d'esprit selon lequel un garçon ne doit avoir de sexualité qu'avec des filles, sous peine de passer de l'autre coté, c'est-à-dire être homosexuel. Si on dépasse ces barrières, on se rend compte qu'il est tout à fait naturel de caresser le sexe d'un garçon. Cela n'a rien de contre nature, comme on voudrait nous le faire croire ! Ceci dit, je reste dans la bisexualité « virile » .Je n'aime pas du tout les hommes efféminés. Par contre, j'adore les transsexuelles. Il y a chez eux une hyperféminité. Une trans est une femme avec une bite. Un homme bi efféminé, je ne le touche même pas... Je préfère encore les camionneurs !
Laurine : Je ne suis passée à travers aucune

remise en question. J'ai toujours aimé le sexe, et j'ai toujours aimé beaucoup de choses dans le sexe !

Es-tu d'accord, Laurine, pour dire que les femmes sont plus facilement bisexuelles que les hommes ?

Laurine : Non, il y a autant d'hommes que de femmes bisexuels. Les hommes bisexuels sont beaucoup plus nombreux qu'on le pense.
Nous avons une fiche sur un site échangiste, et nous nous présentons comme « couple, les deux bi ». C'est incroyable, le nombre de contacts que nous avons ! Mais les hommes n'osent souvent pas s'avouer leur bisexualité. C'est comme si leur intégrité de mâle était en cause. Le regard des autres les dérange beaucoup, notamment celui de leur compagne. Si la société était moins hypocrite, les hommes seraient davantage prêts à assumer.
Vincent : Nous sommes passés tous les deux dans l'émission *Ça se discute* sur France 2.
J'y ai fait mon « coming out » bisexuel. À la suite de cela, j'ai reçu des centaines de mails, des témoignages de sympathie très touchants, me félicitant d'avoir eu le courage d'en parler à visage découvert. La seule réaction négative fut celle de mon ex-femme, qui m'a dit qu'il était honteux de faire ainsi étalage en public de son

« homosexualité » ! Je lui ai répondu que je n'étais pas homosexuel mais bisexuel. Elle m'a dit : c'est pareil. Fin de la conversation. Certaines personnes ont dans leur tête des chemins tout tracés. Ils ne laissent aucune place au jeu. Le sexe ne doit pas être un discours, ce n'est qu'un jeu.

Laurine : J'ai toujours écouté mon corps, mes envies. Je n'ai pas eu les mêmes problèmes que Vincent à avouer ma bisexualité car, en général, c'est quelque chose qui est très apprécié par les hommes.

Vincent : L'inverse est vrai aussi. Nous connaissons beaucoup de femmes qui sont excitées à la vue de voir deux hommes en train de faire l'amour. Certains hommes acceptent, au cours de soirées libertines de me sucer, ou de se faire sucer. Ils prennent pour prétexte de vouloir faire plaisir à leurs femmes. Quelquefois, je leur dis : « Pour une première fois, c'était pas mal ! » Tout en sachant qu'en fait, ce n'était pas du tout la première fois pour eux.

Quels sont les lieux où l'on est sûr de rencontrer des bisexuels ?

Vincent : Généralement les saunas gay, qui organisent régulièrement des après-midi ou des soirées bi. On trouve aussi des bisexuels dans les bois. Les bisexuels pullulent dans les bois !

Il y a des repères. J'y suis habitué. Je les sens !

À quoi reconnaît-on un homme bi ?

Vincent : Les hommes bi font davantage attention à eux, à leurs corps. Les bisexuels s'épilent plus que les hétéros, par exemple. C'est un de leurs points communs avec les gays. Il y en a un autre, c'est le côté très direct dans l'approche de la sexualité. Ce sont des gens ouverts d'esprit. Ils ont passé le stade du bien pensant, du « sexuellement correct ». Ils n'ont plus de tabous. Ils sont plus à l'écoute, sexuellement. Plus doués pour les caresses, aussi !

Les catégories hétéro/homo/bi sont-elles encore valables aujourd'hui ?

Vincent : Bien sûr. Un hétéro, ce n'est pas forcément un bi qui s'ignore !
Laurine : Quand un homme couche avec un homme, ou une femme avec une femme, il y a quand même une charge d'homosexualité, c'est indéniable ! Mais il ne s'agit pas d'homosexualité dans sa plus pure expression, comme par exemple dans le cas où deux hommes vivent ensemble !
Vincent : Je ne suis pas d'accord. Il ne faut pas tomber dans ce piège ! Pour moi, ce n'est qu'un

plaisir sexuel. Je prends du plaisir quand un homme me touche le sexe, quand il me suce, etc. Mais je ne me vois absolument pas embrasser un mec !

Pourquoi ?

Vincent : Parce que je ne suis pas du tout homosexuel ! Des homosexuels, ce sont des hommes qui s'aiment, qui s'embrassent, qui se caressent. J'adore qu'un homme me caresse le sexe, les fesses et l'anus, mais l'embrasser, non !
Laurine : Quand je fais l'amour avec une femme c'est différent. Il peut y avoir une sensualité, voire une affectivité. Il y a la tendresse, les caresses, le baiser…

Quand on est libertin, la bisexualité doit décupler les possibilités de chorégraphie !

Laurine : Oui, en effet, nous sommes tous les deux actifs et passifs.
Vincent : On imagine toujours que les hommes bisexuels aiment se sodomiser, mais ce n'est pas systématique. Dans l'excitation, après s'être bien sucé, il arrive que l'on ait envie de se faire prendre. J'ai d'ailleurs une morphologie qui me permet cela, sans aucun problème !
Laurine : J'adore voir deux hommes « jouer »

ensemble. Il arrive, quand nous recevons un homme seul, que je mène le jeu.
Vincent : Tous les hommes que l'on a reçu étaient très beaux…

Les bi seraient-ils plus beaux que les hétéros ?

Vincent : Absolument ! À tous points de vue ! Ils sont plus sensibles, plus sensuels, plus fins.
Laurine : Même dans leur façon de regarder, de caresser une femme. Ils sont beaucoup plus agréables que les hétéros ! Les comportements diffèrent des codes hétéros classiques ! Mais pour les femmes c'est pareil. Une femme bi est toujours différente d'une femme hétéro, même physiquement.
Vincent : En plus, quand un homme hétéro s'occupe de ta copine, il va presque te pousser parce que tu le gênes !

Quelle est votre position préférée, avec un homme seul par exemple ?

Vincent : J'aime quand Laurine est assise sur le mec, et que je peux lécher les deux en même temps. Je peux aussi me faire prendre tout en prenant Laurine. C'est aussi très agréable !

Avez-vous déjà initié beaucoup d'hommes et de femmes ?

Vincent : Oui, beaucoup d'hommes se sont fait dépuceler chez nous ! Par des femmes, en général ! Au gode ceinture. Les gens savent d'emblée que nous sommes bi tous les deux, avant même de nous rencontrer. Ils ont forcément moins de complexes. Les femmes sont toutes plus ou moins initiées. Il est rare qu'elles soient totalement vierges ! J'ai une bonne technique pour initier les hommes. En club échangiste, par exemple, j'aborde une femme en lui disant : « Il n'est pas bi, ton mec ? Je l'aurais bien sucé ! » Il est rare que cette idée n'excite pas les femmes ! Je lui dis alors : « Tout à l'heure, nous allons nous amuser à quatre, tu demanderas à ton homme de te prendre, debout derrière toi. » Moi, j'arrive par-derrière et je passe ma langue sur la queue du mec quand elle sort de sa chatte ! Que font alors les hommes, en général ? Ils sortent d'eux-mêmes leurs bites pour me les donner à sucer ! Dans la pénombre, ils peuvent toujours dire qu'ils n'ont pas fait attention à qui les suçait !
Laurine : J'adore initier des débutantes, si elles savent déjà ce qu'elles veulent ! Mais beaucoup de femmes se disent bi et ne le sont pas vraiment. Elles le font parce ce que cela fait plaisir au monsieur. Il faut que la femme assume pleinement.

Dans les rencontres que je fais sur Internet, il m'arrive de faire la connaissance de femmes intéressantes, mais il faut souvent plusieurs étapes pour aller aussi loin que j'en ai envie. Je suis arrivée à un stade de ma sexualité où je ne joue plus à touche-pipi. Si la rencontre se fait en couple je suis moins exigeante. Quand je recherche toute seule, je n'ai pas envie de perdre mon temps. Je demande aux filles : « Tu es vraiment bi, tu aimes quoi ? Le cunni ? Les godes ? » Je suis moins souple que je ne l'étais au début.

Quel est ton type de femme, Laurine ?

Laurine : J'aime les femmes vivantes, pas compliquées, qui se lâchent.

Qu'est-ce qui t'excite le plus, Laurine, dans le fait que ton compagnon soit bi ?

Laurine : J'adore voir deux mecs se branler, se sucer, s'enculer. C'est quelque chose qui me rend folle ! J'adore ce côté bestial. Je deviens très hard dans ces cas-là. Par contre, deux mecs qui s'embrassent et se caressent ça ne m'intéresse pas ! J'aime le côté hard et viril. C'est peut-être parce que j'ai moi-même une partie masculine.
Vincent : Il faut savoir que deux mecs qui se masturbent ou qui se sucent, c'est incroyablement

fort. Moi, quand un mec me branle la queue, je saute au plafond ! Tout est dans la force, le muscle !

Vous imaginez-vous tomber amoureux d'une personne du même sexe que vous ?

Vincent : Non, pas du tout. La bisexualité doit être totalement distincte de l'homosexualité. La bisexualité, c'est un plaisir sexuel pur, hard.
Laurine : Oui, c'est peut-être possible. Il y a toujours une certaine tendresse, une complicité. Il m'est arrivé de passer des nuits entières avec des femmes. Mais je ne suis pas lesbienne. Je suis toujours amoureuse de mon homme. C'est un plus dans ma vie, c'est tout !

Une vraie bisexualité, n'est-ce pas vivre sa sexualité selon ses rencontres ?

Laurine : Quand on n'a pas de barrages dans la tête, la sexualité peut être quelque chose de très simple. Si on passe son temps à se demander : Est-ce que je suis lesbienne ? Est-ce que je suis bi ? Est-ce que je suis hétéro ? Que vont dire mes parents ?... Cela devient très compliqué !

Quels conseils donneriez-vous à des gens qui ont envie d'avoir une expérience bisexuelle pour la première fois ?

Laurine : Commençons par la bisexualité féminine. La première chose, c'est le désir, l'attirance. Même si une femme ne sait pas du tout comment s'y prendre, si elle a le désir, cela se fera naturellement. Quand on l'a fait une fois, on sait immédiatement ce que l'on veut après. Si on ne ressent pas de désir tout de suite, ce n'est pas la peine d'y aller.
Vincent : Chez un homme il y a une attirance du sexe. Si une queue me plaît je la suce, c'est tout. Je ne cherche pas spécialement un homme très beau, musclé, cela n'a rien à voir. Je suis dans la violence du sexe. Je connais même une association de motards bi. Ils roulent tous en Harley Davidson, et crois-moi, quand ils baisent, ils ne font pas semblant !

Comment vous situez-vous par rapport à la communauté gay ?

Vincent : Les bi n'ont rien à voir avec les gays. Quand on voit par exemple que la Gay Pride cherche à fédérer les gays, les bi, et les trans, c'est une imposture. Ce sont des sexualités totalement distinctes. Les gays vont essayer à

travers diverses actions de faire valoir leurs droits, c'est très bien. Mais le PACS, par exemple, concerne les couples. Par définition, un bisexuel ne peut pas avoir qu'un seul partenaire. Dans la bisexualité, on reste dans le jeu du libertinage.
Laurine : Les gays revendiquent une identité à travers leur sexualité. Les bisexuels, eux, ne revendiquent rien. Ce n'est pas leur problème. Ils sont la plupart du temps rejetés à la fois par les homos et par les hétéros. Un bisexuel, c'est une personne libre. Quelqu'un qui a su surmonter les catégories dans lesquelles on a voulu l'enfermer. Et en même temps, dans la vie, c'est Monsieur ou Madame-Tout-le-Monde.

Comment faites-vous pour trouver des hommes bi dans les clubs libertins ?

Vincent : La dernière fois que nous sommes sortis en club échangiste, c'était une soirée couples. Nous nous amusions avec un autre couple au fond d'un salon câlin, quand j'ai eu tout à coup très envie d'une queue ! J'ai demandé à la fille avec qui j'étais si son mec était bi. Elle m'a dit oui... Nous nous sommes sucés comme des fous ! En général nous posons toujours la question. Mais il est vrai que j'ai aussi un côté provoc. Dans la mesure où je suis un bi bien dans ma tête, où il n'y a pas d'ambiguïté, je provoque les mecs.

Je connais les hommes et leurs désirs. Parfois, avec Laurine, en revenant d'une soirée, j'ai envie de mecs. Nous nous arrêtons, Laurine reste dans la voiture et je me mets contre un arbre. Là, je me fais caresser. Plusieurs hommes me branlent, me sucent, me mettent des doigts. C'est très direct, purement masculin.

Avez-vous déjà rencontré d'autres bisexuels qui n'avaient pas la même conception que vous de la bisexualité ?

Laurine : Les femmes qui ne sont pas vraiment bi font des câlins avec des femmes pour le plaisir de leur mec. Nous sentons si les hommes sont bisexuels ou pas. Moi, je sens si une fille est bi active, passive, légère… Je ne me trompe jamais.
Vincent : J'ai déjà rencontré des hommes qui étaient plus sensuels que moi. Ce n'est pas ma tendance. Je pense que ce sont des hommes qui se cherchent, parfois des homosexuels refoulés. Si l'on surfe sur le site Internet www.bilove.net, par exemple, il y a beaucoup des gens qui se cherchent. L'état d'esprit est un peu étudiant. Et puis, il y a peu de libertins. Les hommes y sont souvent très efféminés.

Que ressent-on lorsque l'on suce une bite pour la première fois ?

Vincent : De l'excitation. Il y aussi une sorte de transposition. Je suce comme j'aimerais que l'on me suce.

Est-ce qu'un homme suce comme une femme ?

Vincent : Il y a des femmes qui sucent comme des hommes. Et des hommes qui sucent comme des femmes. Il faut avouer qu'en général les hommes sucent très bien. Les femmes sucent plus tendrement, elles ne mettent pas les dents, elles sucent une queue comme elles suceraient une glace.
Laurine : Mais il ne faut pas généraliser, il existe aussi des femmes aspirateurs !

La bisexalité, ce n'est finalement que du sexe ?

Vincent : Pour moi oui.
Laurine : Au départ c'est purement « sexe ». Ensuite il y a des relations suivies où l'affectif peut rentrer en jeu.
Vincent : Un soir, dans un club libertin, Laurine a fait quelque chose d'incroyable.

Nous rencontrons un couple qui nous présente un jeune homme. Nous l'emmenons dans les salons avec nous. Et Laurine dit : « J'ai un fantasme : j'adore quand je vois deux mecs qui se sucent mutuellement. Si vous voulez faire quelque chose avec moi, il faut que vous suciez Vincent ! » J'ai remarqué une chose : souvent, les hommes s'opposent catégoriquement à la bisexualité. Ils expriment un refus viscéral. Par contre, ils adorent que leur femme soit bi. Que le mec soit bi ou pas, je m'en fous. Ce que je n'accepte pas, ce sont les gens intolérants.

Dans l'esprit des gens, un bisexuel se situe davantage du côté homo que du côté hétéro...

Vincent : Je ne me considère pas comme hétéro, mais je suis encore moins homo !

Coucher avec une transsexuelle, c'est de la bisexualité ?

Vincent : Absolument. Les trans attirent les hétéros qui ont des tendances bi, ou des bisexuels comme moi qui aiment à la fois les femmes et la bite. Pour un bi, une transsexuelle, c'est un bonheur incroyable ! Mais ce sont des femmes avec une petite partie masculine, des femmes à

99 % ! Rien à voir avec les hommes efféminés !

Finalement, ce ne sont pas les hommes que tu aimes, c'est la bite !

Vincent : C'est exactement ça !
Laurine : Comme j'aimerais avoir une queue pour savoir ce que cela fait !
Vincent : J'ai fait beaucoup de sport pour essayer de me sucer la bite, je n'ai jamais réussi !

4. toutes bi or not toutes bi ?

« Pendant tout l'hiver, elle m'a caressée et a réuni mon âme éparpillée. Lentement, nuit après nuit, elle m'a épousée et m'a enseigné son corps de femme. Moi qui n'aimais que les phallus, je goûtais à la joie profonde de téter un mamelon, d'enfoncer sans fin mes doigts dans sa chatte, de laisser ses mains aux ongles vernis fouiner dans mon entrecuisse, son souffle haletant et humide rebondir tout contre ma joue, ses lèvres douces se poser sur les miennes… »

Bénédicte Martin, *Warm Up*, Flammarion, 2003.

Problématique de la bisexualité féminine

Si la bisexualité masculine est encore taboue, il n'en est pas de même pour la bisexualité féminine. Fantasme masculin par excellence ? Ensemble de pratiques servant à rapprocher les couples dans le milieu libertin ? Pas seulement. Évolution des mœurs oblige, les femmes assument de plus en plus leurs envies de câlins avec des complices du même sexe. Pour autant, la bisexualité constitue-t-elle pour les femmes une identité ? Ne serait-ce pas plutôt une sexualité qui se vit sur le mode du jeu occasionnel ? Si la bisexualité pour les femmes n'était qu'une façon de varier les plaisirs ? Enfin, interrogation fondamentale : les femmes qui vivent des aventures avec d'autres femmes se posent-elles toutes ces questions ?
Que l'on soit homme ou femme, notre premier amour, c'est notre mère. Et ce souvenir reste présent tout au long de notre vie amoureuse. Il détermine nos relations, nos attirances. La mère est la première femme qui nous a serré dans ses bras, qui nous a réchauffé et nourri. Que la relation à la mère ait été heureuse ou pas, nous sommes constamment à la recherche de cette protection, de cet

amour inconditionnel. Quel homme n'a jamais posé sa tête sur l'épaule, le ventre ou les seins de la femme qu'il aime ? Pourquoi les hommes aiment-ils tant caresser et sucer les seins d'une femme ? Il existe une nostalgie de cette relation première. Si les hommes vont construire leur identité en se différenciant de leur mère, ils vont continuer à rechercher la compagnie des femmes. La femme, elle, va aller chercher des satisfactions affectives et sexuelles auprès d'un corps différent de son amour originaire.

Il arrive que les toutes premières expériences sexuelles s'effectuent avec des personnes du même sexe. Pour l'homme, il s'agit d'une chose très difficile à avouer, mais il est intéressant de constater que les femmes se sentent plutôt à l'aise avec ces souvenirs. Sabine, parisienne de 28 ans, consultante, m'a ainsi confié : « *Quand on est ado, il arrive que l'on aille dormir de temps en temps chez des copines. Souvent, pour peu que la soirée ait été un peu arrosée et que l'on aille se coucher ensemble, il nous arrivait de nous embrasser, puis de nous caresser. À deux reprises, il nous est arrivé de nous lécher mutuellement. Même si ce type d'expérience ne m'a pas manqué par la suite, car je me sens épanouie avec les garçons, j'en garde un très bon souvenir. Ce qui était très beau, c'est que cela n'était pas calculé. Cela se faisait à chaque fois très naturellement, avec tendresse, presque avec amour.* »

Les femmes se tiennent facilement la main, peuvent

se câliner même en public. Cette proximité ne choque personne. Mais si ces attouchements n'ont rien d'exceptionnel, il arrive pourtant qu'ils aillent plus loin. Et cela arrive même de plus en plus fréquemment. La première chose qui ressort des dizaines de témoignages que j'ai recueillis, c'est que les femmes recherchent une relation physique totalement différente de celle que les hommes peuvent leur apporter. En effet, qui mieux qu'une autre femme peut savoir comment une femme fonctionne, et comment la mener au mieux à l'orgasme ?

Ainsi, Sylvie, 37 ans, juriste à Cannes, aime les hommes et les femmes. Elle affirme qu'« *avec une femme, l'échange de caresses permet une véritable fusion. Car nous savons très bien, entre femmes, comment nous fonctionnons. Les possibilités de jouissance sont multipliées ! Quand je fais l'amour avec un homme, je cherche la différence, ce qui m'échappe. C'est pour cela que j'aime autant sucer la queue d'un homme. Les hommes et les femmes sont très différents mais complémentaires. J'aime baiser avec les deux. J'éprouve du désir pour le même et pour le différent. Pourquoi choisir ?* »

Certaines femmes, qu'elles vivent en couple avec un homme ou non, auraient besoin, à un moment donné de leur vie, d'une certaine forme d'amour, ou de sexualité, que les hommes ne peuvent pas leur apporter. Toutes les femmes que j'ai interrogées sur les différences entre les hommes et les femmes

dans les relations sexuelles, insistent sur la douceur et la tendresse dont une femme sait faire preuve.
La psychologue américaine Nancy Friday, dans son ouvrage *L'Empire des femmes* (Albin Michel, 1993), consacré au fantasme féminin, évoque ainsi celui de la bisexualité chez la femme : « *Les fantasmes débutent et finissent par la tendresse. Deux femmes entre elles ne se ruent pas sur l'assouvissement sexuel. Même si leurs ébats peuvent devenir violents, ils débutent toujours par une lente et tendre séduction [...] Il s'agit d'abord de gagner la confiance de l'autre par la parole, et seulement après peut survenir la gratification sexuelle, le plaisir oral, la passion, l'épanouissement du plaisir mutuel, la satisfaction de chaque partenaire avant même le dénouement.* »

Un trait particulier de la psychologie féminine peut intervenir dans les comportements bisexuels : faire l'amour avec une autre femme serait une manière d'éviter tout rapport de concurrence. Pour certaines femmes, en effet, la beauté féminine constitue un motif de compétition, voire de jalousie. Faire l'amour avec une autre femme, n'est-ce pas un moyen d'éliminer cette concurrence, en s'appropriant la beauté de l'autre, et son pouvoir d'attraction sexuelle ? C'est comme si une femme disait à une autre : « Tu es belle mais tu ne me fais pas peur. Ta beauté m'attire, ta féminité m'excite, tu es une autre moi-même, différente et semblable. Je vais t'explorer dans toute ton intimité. Je connaîtrai ton corps jusqu'au moindre repli de ton sexe ». Les femmes entre elles se placent en dehors du jeu de séduction et de concurrence qui régit les rapports entre les sexes. Leurs ébats sont une parenthèse dans la vie sociale.

Nancy Friday dit avec beaucoup de pertinence, en parlant des amours saphiques : il s'agirait pour les femmes « *d'apprendre des autres femmes à mieux vivre la compagnie des hommes* ».

Bisexualité féminine et libertinage

« *Les amours saphiques correspondent aux fantasmes des hommes hétérosexuels* », affirme Catherine Deschamps. L'échangisme est un milieu où la bisexualité masculine est encore peu acceptée, et loin d'être pleinement assumée. Il est fréquent que de nombreux hommes bi cachent leur goût pour les deux sexes. À l'inverse, la bisexualité féminine est très valorisée dans ce milieu. Les petites annonces de couples échangistes regorgent de femmes bi, très bi, bi sélective, bi passive ou active, ou les deux…

La bisexualité féminine est un « must » du milieu échangiste. Les femmes bisexuelles jouent fréquemment le rôle d'intermédiaires. Ce sont elles qui déclenchent les rapprochements entre couples et excitent les hommes. C'est pourquoi la bisexualité féminine en clubs ou en soirées échangistes se doit d'être démonstrative. Les jeux d'exhibition entre femmes installent une ambiance et font souvent démarrer la soirée (ce qui ne manque pas de faire penser aux innombrables scènes lesbiennes présentes dans les films pornographiques. Surtout si ces films sont destinés aux hommes 100 % hétéros…). Vous entendrez souvent des échangistes tenir des propos comme : « *Toutes les femmes sont bisexuelles, c'est leur nature. Dans l'échangisme, elles peuvent exprimer librement leurs penchants.* » Ces propos sont tenus aussi bien par les hommes qui par les femmes. Ils constituent la *doxa* échangiste. La plupart des libertines bi affirment avoir découvert leur bisexualité dans le cadre du libertinage. Guidées par d'autres couples, motivées par leur conjoint, beaucoup adoptent rapidement cette sexualité comme la possibilité de vivre quelque chose de différent.

L'image de la bisexualité féminine excite les hommes. Il peut même arriver, parfois, que cette bisexualité soit trop bien vécue par les femmes ! Il est certain que cela ne plaît pas aux hommes. D'autre

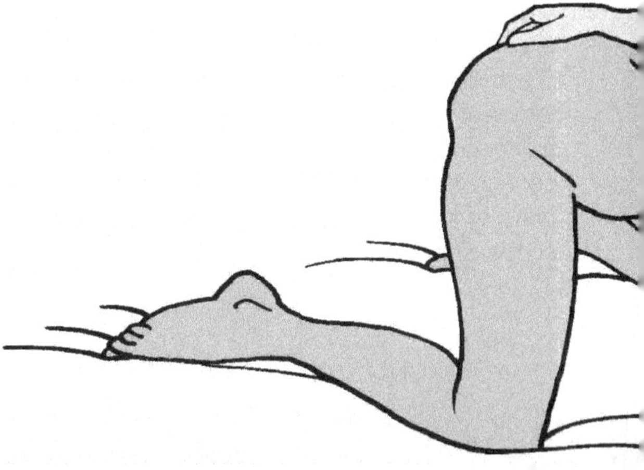

part, si les femmes vivent très bien une expérience homo, quel qu'en soit le contexte, elles n'ont pas besoin des hommes. Parfois elles les tolèrent, d'autant que ce sont eux qui ont amené la situation, mais en général la présence masculine est rarement nécessaire, ou souhaitée !

Le témoignage d'Anne-Laure, libertine parisienne de 28 ans, est plutôt atypique, et casse les clichés de ce milieu. Anne-Laure considère qu'elle aime indifféremment les hommes et les femmes. Après de nombreuses expériences sexuelles avec des copines pendant l'adolescence, elle est devenue, à 20 ans, une pure hétéro. « *Je crois,* dit-elle, *que j'ai renoncé à mon attirance pour les femmes par confor-*

misme, parce que la pression sociale était trop forte. Pourtant, pour moi, cette attirance était naturelle. »
Aujourd'hui, Anne-Laure vit enfin une sexualité épanouie. Elle est mariée et fidèle, mais de temps en temps, elle s'offre une femme en club échangiste. Son mari, François, est bien entendu présent et complice, mais il n'intervient pas, se contentant de regarder. *« C'est avec François que j'ai pu enfin m'épanouir,* dit Anne-Laure. *Tous les hommes avec qui j'ai vécu avant lui étaient d'une jalousie maladive. Contrairement à ce que beaucoup de gens pensent, tous les hommes ne fantasment pas sur le fait de voir deux femmes faire l'amour. Ils sont souvent jaloux de notre complicité, et ils ont peur de ce qui leur échappe... Ce que je préfère faire avec une femme ? M'occuper d'elle, la faire jouir. Je me concentre sur son plaisir. C'est difficile de mener une femme à l'orgasme. Ce ne sont pas les hommes qui me contrediront ! »*
Mais peut-on affirmer d'une femme qui a régulièrement des expériences bisexuelles dans les clubs libertins est réellement bisexuelle ? Certainement pas. Il ne s'agit en fait que d'un comportement bisexuel. Selon le sexologue Jean-Roger Dintrans, *« ce n'est pas parce qu'une femme adopte un comportement bisexuel qu'elle a une bisexualité. Mais le milieu de l'échangisme est particulier. Il y a un niveau d'excitation, des effets de groupe et de miroirs qui font que certains comportements peuvent faire,*

dans ce contexte très particulier, l'objet d'une appétence forte. Ce qui ne serait pas le cas dans une situation plus banale. N'oublions pas non plus que les échangistes ne sont pas représentatifs de la majorité de la population ! »

Conseils à l'usage des femmes qui ne se sont jamais occupé (sexuellement) d'autres femmes.

La sexualité bi est la plus riche qui soit, car elle démultiplie les possibilités de pratiques. En règle générale, point n'est besoin de guide pour apprendre à caresser, à embrasser ou à lécher sa partenaire quand on est une femme. Si le désir est là et que les partenaires sont à l'écoute l'une de l'autre, aucune femme n'a jamais eu besoin d'un manuel technique.

Le cunnilingus est, pour de très nombreuses femmes, le seul et unique moyen d'atteindre l'orgasme. Alors, lorsqu'une femme qui en sait assez long sur son propre corps s'occupe du sexe d'une autre femme dans le but de la mener à l'orgasme, n'est-ce pas le feu d'artifice assuré ?

CONSEILS POUR UN CUNNI RÉUSSI :

- Veillez à trouver la meilleure position. Elle peut être allongée sur le dos, cuisses écartées et vous agenouillée devant elle. C'est la position la plus classique. Mais vous pouvez également être agenouillée sur le sol tandis que votre chanceuse partenaire profite de votre langue debout, contrôlant ainsi le rythme de vos ébats. Vous pouvez aussi être allongée et votre partenaire agenouillée au-dessus de vous. Le 69 est un classique toujours apprécié si vous aimez les caresses réciproques. Cependant, pour votre premier cunnilingus, restez plutôt concentrée sur le plaisir que vous pouvez donner à votre partenaire. Si vous vous faites lécher vous aussi, vous ne maîtriserez plus la situation !
- Il faut que votre partenaire soit détendue et disponible. Vous devez, Madame, la préparer aux caresses de votre langue. Massez-la, embrassez-la, caressez-la. Faites-lui des baisers chauds et mouillés sur la poitrine, puis descendez doucement vers son ventre. Ne lui enlevez pas tout de suite sa culotte. Mordillez très doucement ses

grandes lèvres au travers du tissu, faites-la tressaillir au contact de votre souffle chaud. Sentez la mouiller sa culotte avant même de la lui enlever.

- Caressez ses jambes, empoignez doucement ses chevilles, sucez ses orteils. Puis, laissez vos mains s'aventurer à l'intérieur de ses cuisses. Caressez les grandes lèvres de son sexe. Approchez votre langue sans trop la faire pointer. Utilisez d'abord le plat de la langue pour lécher votre partenaire tout autour du clitoris.
- Donnez de petits coups de langue sur le capuchon du clitoris. Utilisez votre langue sans à-coups, de manière lente et régulière plutôt que saccadée.
- Léchez à coups de langues longs et verticaux, du périnée au clitoris.
- Vous pouvez sucer celui-ci, mais ne vous attardez pas trop, cela peut devenir vite agaçant.
- Donnez des coups de langues juste en dessous.
- Pénétrer le vagin de votre langue, effectuez des mouvements de haut en bas, d'avant en arrière.
- Léchez le périnée (entre le vagin et l'anus). Vous pouvez également lécher l'anus, en commençant par chatouiller ses plis avec le plat de la langue, puis darder celle-ci à l'intérieur, si votre partenaire est réceptive à cette caresse.
- Faites des bruits avec votre bouche, vous pouvez aussi cracher sur son sexe de temps en temps. C'est très cochon et excitant. Cela montre aussi à

votre partenaire que vous aimez ce que vous êtes en train de faire. Enfoncez un doigt dans son vagin, et soyez attentive à sa réaction. Elle peut vous repousser ou vous faire comprendre qu'elle a envie que vous vous enfonciez plus loin, ou que vous pouvez lui enfoncer un deuxième doigt, voire trois... Certaines femmes aiment également qu'on leur enfonce un doigt dans l'anus, peu de temps avant l'orgasme. Là encore, essayez et soyez attentive à ses réactions.

- Quand vous sentez son orgasme arriver, ou si c'est elle qui vous fait comprendre qu'elle va jouir, gardez le même rythme avec votre langue. N'accélérez pas. Après l'orgasme, continuez à la caresser très lentement avec votre langue, en évitant toutefois le clitoris, qui a une sensibilité telle que tout contact devient à ce moment insupportable.
- N'oubliez pas : Le plus important est d'être toujours à l'écoute de sa partenaire. Sachez deviner ses attentes, ses envies. Écoutez-vous, sentez-vous, aimez-vous... vous pourrez réaliser cette harmonie parfaite qu'est l'amour entre femmes, et qui fascine tant les hommes.

Paroles de femmes bisexuelles

Parmi les dizaines de témoignages qui ont contribué à l'élaboration de ce livre, nous avons sélectionné cinq profils de femmes d'âges et de milieux socioprofessionnels très différents. Leurs prises de parole sont directes, sans tabou, et se complètent souvent, offrant une intéressante vue d'ensemble.

Clara, 47 ans, est chef d'entreprise et écrivain. Elle vit à Paris. Elle a découvert la bisexualité à travers le libertinage.

Maîtresse M. est une dominatrice parisienne, très célèbre dans le milieu SM. Elle partage sa vie amoureuse et sexuelle entre un homme et une femme.

Laurence est commerciale. Elle a 38 ans et vit à Nantes.

Marie a 42 ans, elle est journaliste. Elle vit à Nice.

Anne a 27 ans, elle travaille à Paris dans la communication.

CLARA

« *Je suis bi depuis six mois seulement. J'avais un amant, qui m'a « trompée » une fois avec une femme. Cela m'a intéressée de la connaître, non pas parce que cela m'excitait mais*

plutôt par jalousie. Nous sommes allées dîner ensemble, et finalement, nous nous sommes plutôt bien entendues. À tel point que nous avons fini par faire l'amour, loin de notre amant commun !
Cela s'est passé en revenant de ce dîner. Nous étions toutes les deux à l'arrière d'une voiture. j'ai trouvé que c'était doux, sensuel, elle était magnifique. Il y avait une atmosphère de transgression. Ce n'était pas téléphoné, c'est venu spontanément.
Nous nous sommes mises à sortir toutes les deux en clubs échangistes. C'est comme cela qu'à plus de 45 ans j'ai eu ma première expérience avec une femme, et je suis devenue libertine. J'ai tout de suite été interpellée par l'aspect un peu obligatoire de la bisexualité dans ce milieu. Malgré tout, le libertinage m'a tout de suite séduite.
Je crois que je suis tout de suite tombée amoureuse de cette fille. Je n'ai jamais envisagé de vivre avec elle, mais j'imaginais que nous pourrions passer des week-ends ensemble.
Malheureusement, nous n'avons pas eu le temps.
À cause de mon mari, qui était jaloux.
La situation était compliquée. Du fait que nous avions un amant en commun avec cette fille, mon mari restait à l'écart de tout cela, et à un moment donné il ne l'a plus supporté.
Dans le domaine des pratiques sexuelles entre filles, je suis loin d'être une experte.

Pour l'instant je n'ai connu que deux amantes. La première était vaginale, comme moi. Nous avons utilisé des accessoires, des godes, etc. La deuxième fille était clitoridienne. Elle ne voulait aucune pénétration, même pas un doigt. Même si j'ai ressenti beaucoup de plaisir, c'était incomplet. J'aime le corps des femmes, leur douceur, leur beauté. J'aime les seins, les yeux aussi. J'aime les corps lisses.

J'aime aussi les hommes. Par-dessus tout, j'aime les jeunes. Ce qu'ils ont en eux de neuf est profondément séduisant. Ils ne sont pas ennuyeux, ils ne demandent rien de plus. Je suis attirée plus particulièrement par les hommes bisexuels. Je les trouve plus accomplis, plus ouverts. Ils sont souvent plus fins, plus beaux et plus soignés que les hétéros. Malheureusement, j'ai eu à plusieurs reprises l'occasion de constater que le milieu libertin était homophobe. D'ailleurs beaucoup de mes amis bisexuels fuient les soirées libertines et les clubs, parce qu'ils ne peuvent pas vivre pleinement leur sexualité. Je suis inscrite sur un site libertin, et beaucoup d'hommes éprouvent le besoin de se présenter comme 200 % hétéros ! Moi je trouve débile de revendiquer une faiblesse ! Dans ce monde-là, il vaut mieux en aimer un peu plus qu'un peu moins… Si on en aime un peu moins, pourquoi s'en vanter ? Certains disent qu'ils ont besoin d'affirmer leur identité hétéro ! C'est un peu louche, non ? Si l'on est hétéro, pourquoi l'affirmer avec autant d'insistance ? »

MAÎTRESSE M.

« Je crois que beaucoup de filles vivent leur première expérience sexuelle avec d'autres filles. Cela a été mon cas.

Lors de ma première expérience, j'avais huit ou neuf ans. C'était avec deux filles. Ma petite cousine, et une voisine. Je les voyais très souvent. Cela s'est fait très naturellement, elles m'ont caressé le corps et le sexe.

Il arrive que des femmes hétérosexuelles soient attirées par moi. Ce sont souvent des femmes qui n'avaient jamais pensé, avant de me rencontrer, avoir ce type d'expérience.

En ce moment, je sors avec un homme, et avec une fille qui se dit ouvertement bisexuelle.

Je remarque souvent des filles dans la rue, qui sont très proches physiquement mais qui semblent toujours retenir leurs gestes. Pour les hommes c'est pareil.

Il me semble que le plus souvent, quand une femme a envie d'une autre femme, c'est d'une femme particulière. C'est rarement un fantasme désincarné. À l'inverse, beaucoup d'hommes m'ont dit qu'ils n'étaient pas attirés par les autres hommes, mais seulement par leurs queues.

Ils ne voulaient rien savoir du reste.

L'homme et la femme représentent deux univers très différents. J'aime le côté brut d'un hommc, et la douceur de la peau d'une femme. J'aurais du mal à renoncer à l'un ou à l'autre. Je n'ai pas envie de choisir entre la force et la douceur. Si j'ai plus d'expérience avec les hommes, c'est plus une question d'habitude que de choix. Avec une autre femme, c'est une question de partage. Il existe un cliché selon lequel les femmes sont plus douces que les hommes. C'est vrai le plus souvent, mais c'est avant tout une question de codes culturels.

La sexualité est en train de s'ouvrir. La bisexualité va devenir plus courante, mieux acceptée.

Je ne me considère pas comme bisexuelle.

Je vis ma sexualité selon mes rencontres. Je ne fais pas l'amour avec un sexe, une queue ou une vulve mais avec une personne. Et puis j'aime la diversité, les jeux différents, les jouissances multiples. Qu'il s'agisse de rapports classiques ou de SM.

Il est vrai que j'ai rencontré plus d'hommes que de femmes. Pour rencontrer une femme on est presque obligé de s'enfermer dans un ghetto, un bar, une boîte spécialisée ou se retrouvent des butchs (lesbiennes très "viriles", N.D.A.).

L'homosexualité est vécue plus difficilement pour

les femmes que pour les hommes. Une femme osera beaucoup moins en aborder une autre dans la rue. Les femmes ont moins d'expériences homosexuelles qu'elles le voudraient, et la raison en est simple : elles n'en ont simplement pas l'occasion.
Et j'éprouve le besoin et l'envie de connaître les différentes facettes de ce monde, dans un rapport "classique", j'aime pouvoir toucher une peau rêche et épaisse puis une peau tendre et sucrée.
J'ai envie d'aller me perdre entre les cuisses d'une belle femme, puis pouvoir être remplie par un homme superbe. Et dans les rapports SM j'aime aussi bien user de ma force pour un combat tendre et violent avec un homme afin de sentir sa peur et ses légers tremblements jusqu'à son abandon total qu'utiliser ma douceur et ma fermeté afin d'emmener une femme à s'offrir totalement, jusque dans ses derniers retranchements et lui procurer le plaisir de la voir dépasser ses limites. Pour moi, aimer la sexualité, c'est être gourmand de la vie. Pourquoi choisir ? »

LAURENCE

« *Après un parcours hétéro classique, j'ai rencontré à 35 ans la femme de ma vie. Un coup de foudre. J'étais attirée par Caroline, mais cela*

m'est tellement "tombé dessus" sans prévenir, je ne savais pas quoi faire. Alors, je me suis laissé guider. Je suis restée avec mon mari, et je voyais Caroline de temps en temps, comme une maîtresse. Cela a duré quelques mois, jusqu'à ce que mon mari trouve un message enflammé de Caroline sur mon répondeur. L'incident a précipité les choses vers la rupture. C'était mieux comme ça. Une double vie, ce n'est pas gérable. C'est trop compliqué… et épuisant. Tomber amoureuse d'une femme m'avait déjà complètement déboussolée. Et même aujourd'hui, je traverse des crises. C'est difficile à vivre, socialement.
Je crains le regard des autres, leur jugement.
Surtout quand on a des enfants.
J'ai une petite fille de dix ans, et je tiens à la préserver. »

MARIE

« *Si on me demande quelle est mon identité sexuelle, je dirais que je suis bisexuelle.*
Mais qu'est-ce que cela veut dire exactement ?
Pour moi, ce n'est qu'une étiquette. Les gens ont besoin de se reconnaître dans une catégorie, de se mettre dans des cases. La bisexualité est aussi une mode journalistique. Je le sais, je travaille pour un groupe de presse. Le sujet

"Sommes-nous tous bisexuels ?" fait toujours vendre ! Il provoque l'inquiétude chez le lecteur !
Je vis en ce moment avec un homme que j'aime. Mais mes premières expériences sexuelles se sont déroulées avec des femmes. J'ai longtemps cru que j'allais vivre une vie homosexuelle. Je ne peux pas dire qu'ils ne m'attiraient pas physiquement, mais je trouvais qu'ils ne savaient pas y faire avec les femmes. Je me dis qu'aujourd'hui, à 42 ans, j'aurais aimé autant d'hommes que de femmes. Une passion avec un homme, suivie d'une aventure avec une femme, puis l'inverse…
Je l'assume totalement, j'en parle librement. Cela vient certainement de mon éducation. Rien n'était tabou à la maison quand j'étais ado. On parlait très librement de sexualité. Cela m'a permis d'assumer mes envies, sans pour autant faire n'importe quoi.
Il m'arrive cependant d'avoir affaire à des gens qui ne comprennent pas cette sexualité. Et qui se montrent intolérants. Le plus étonnant, c'est que cette attitude ne vient pas forcément de ceux auxquels on s'attend. Par exemple, j'ai fait un jour mon coming out bisexuel auprès d'une amie 100 % homo. Je ne m'attendais pas à une réaction si violente. Je l'ai vue se décomposer. Je crois que je n'aurais rien pu lui annoncer de pire ! Si je lui avais annoncé que je sortais avec sa meilleure copine, elle l'aurait mieux accepté !

Son comportement a radicalement changé à mon égard. Elle n'a plus pu supporter de me voir accompagnée d'un homme. C'était comme si, selon elle, tout homme était devenu un amant potentiel. J'étais pourtant bien loin de cela. Ce fut, pour nous deux, le début de la fin. Si j'avais su, je n'en n'aurais jamais parlé. Le milieu homo n'est pas aussi tolérant qu'il aimerait le faire croire. Il est bien souvent sectaire. Et la jalousie maladive est exacerbée chez les homos. »

ANNE

« *Je me suis toujours sentie bisexuelle. Déjà, quand j'étais enfant, je fantasmais sur les seins des femmes (à la plage, dans les pubs à la télé). J'ai commencé à me masturber très jeune et je m'excitais toujours en voyant des femmes ou en pensant à des scènes lesbiennes. J'ai vécu toute ma scolarité dans une école catholique non mixte. Il y avait de quoi faire ! À 13 ans je suis sortie avec une de mes copines. Un mercredi après-midi, alors qu'on jouait toutes les deux dans sa chambre, ma copine s'est allongée sur son lit et je me suis jetée sur elle pour lui faire des chatouilles. Plus je la chatouillais et l'entendais rire aux éclats, plus j'avais envie d'elle : Je n'ai pas pu m'empêcher de l'embrasser, elle*

s'est laissé faire, je lui ai caressé ses petits seins et les ai léchés. C'est un souvenir délicieux.
Il m'arrive d'avoir des aventures avec une femme mais pas aussi souvent que je le voudrais.
C'est difficile de trouver des femmes qui assument leur bisexualité. Soit je tombe sur des bêtes curieuses qui se demandent ce que ça fait de bouffer une chatte ou qui veulent juste exciter leur mec, ou alors sur des filles très entreprenantes qui ne sont bi que quand elles ont un peu trop bu.

Toute femme qui a envie d'avoir une expérience bisexuelle devrait oser. Personne n'a jamais dit « j'ai très envie de manger une barre de chocolat mais j'ose pas ! » Quand il s'agit de sexualité, on ne sait pas comment faire, et l'on reste souvent sur une frustration… Voilà ce que je dirais à une femme : si tu ressens la petite chaleur dans le bas de ton ventre quand tu regardes une femme, si tu as envie de lui prendre la bouche, de caresser ses cheveux, de palper ses seins, alors fonce !
Attention cependant : l'envie peut ne pas être réciproque et toutes les femmes ne sont pas attirées par les femmes. Pour une première fois, je crois que l'ambiance d'un club libertin peut faciliter les choses.
Ma pratique sexuelle préférée avec une femme, c'est sans hésiter le cunnilingus. Je prends autant de plaisir à lécher une femme qu'à me faire lécher.

Je me souviens la première fois que j'ai fais jouir une femme avec ma langue, c'est un souvenir extraordinaire, c'était comme si j'avais touché le jackpot !
Hormis avec mes petits doigts, en général je n'aime pas trop pénétrer mes partenaires (avec un gode par exemple). Les mecs sont là pour ça ! Les femmes, j'aime les caresser, les embrasser à pleine bouche, longuement, leur caresser les cheveux, leur toucher les seins et les fesses. Ce que j'adore aussi, c'est frotter mon sexe contre celui de ma partenaire. Une fois que nous sommes toutes les deux bien excitées, et que nous mouillons beaucoup, ça glisse et c'est délicieux ! J'adore !
Tomber amoureuse d'une femme ? Pourquoi pas ? La frontière entre l'amitié et l'amour est tellement mince ! Je suis déjà tombée amoureuse de ma meilleure amie et je ne l'avais même pas touchée ! Ce qui est sûr, c'est que je ne pourrais tomber amoureuse d'une femme qu'après avoir fait l'amour avec elle. Je me laisse facilement prendre au piège du plaisir !
Si mon compagnon m'avouait qu'il ressent une attirance pour un autre homme, je ne sais pas comment je réagirais. Curieusement, la bisexualité masculine, c'est quelque chose qui me fait peur. Cela ne répond pas à l'image que je me fais des hommes. Je pose souvent la question aux

hommes que je rencontre. Pour moi, un homme doit être viril, protecteur. Voir mon compagnon avec un autre homme, cela entacherait cette image. Peut-être que si je voyais deux hommes inconnus faire l'amour, cela ne me choquerait pas, je ne sais pas… »

5. l'analyse d'un psychiatre-sexologue

(Rencontre avec le Dr Jean-Roger Dintrans)

Jean-Roger Dintrans est un homme brillant et très occupé ! Il est psychiatre, sexologue, président du C.E.E.D.R.E.S (Collège Européen pour l'Évaluation et le Développement de la Recherche et de l'Enseignement en Sexologie). Il est chargé de cours dans les universités Paris V, Paris VII et Louvain-la-Neuve, et co-auteur de nombreux ouvrages sur la sexualité. Il est notamment l'auteur du chapitre sur la sexualité masculine dans le premier *Traité de Sexologie.* Son témoignage éclaire avec pertinence le problème de la bisexualité, et met en cause certaines idées reçues...

Pierre Des Esseintes : Comment la bisexualité est-elle perçue aujourd'hui ?
Jean-Roger Dintrans : La bisexualité continue d'être une notion peu abordée, et peu reconnue. Cependant, des études sociologiques sur la bisexualité se sont développées depuis l'épidémie de sida au milieu des années 1980. Les bisexuels se voient généralement rejetés à la fois par les hétérosexuels et les homosexuels. Du côté hétérosexuel, c'est une notion qui pose la question de ce qui serait supposé être une homosexualité latente. Du côté homosexuel, la bisexualité serait un refus de reconnaître son homosexualité, pour conserver une reconnaissance sociale.

Peut-on vraiment, en ce qui concerne la bisexualité, parler de mouvance, voire d'engouement ?
Il y a un groupe qui veut se faire reconnaître, comme d'autres groupes d'ailleurs : les bisexuels, les transsexuels, les gens qui ne se rendent à la

poste que le mardi à midi... La société est de plus en plus communautariste. Or, les bisexuels ne constituent pas un groupe homogène. Si l'on se réfère aux études contemporaines réalisées à partir de l'échelle de Kinsey, on trouve en Occident de 1,1 % (au Danemark) à 4,4 % (au États-Unis) d'hommes bisexuels (ces chiffres sont beaucoup plus faibles que ceux qui concernent l'homosexualité exclusive, qui vont de 4 % à 11 %). En ce qui concerne les femmes, il est très difficile d'obtenir des statistiques. Quoi qu'il en soit, il s'agit de bien préciser ce que l'on entend par bisexualité. Soit on parle d'un comportement sexuel, soit d'une orientation psychique qui aboutirait à une revendication identitaire.
Si l'on se réfère au comportement, toujours selon l'échelle de Kinsey (de 1 à 6), on va trouver cette fois 30 % de femmes et 44 % d'hommes qui ont un comportement bisexuel (étude datant des années 1970). Cela peut renvoyer à des comportements occasionnels, par exemple dans des soirées libertines. C'est une bisexualité qui n'est pas engageante, au sens où il n'y a pas d'investissement affectif. La bisexualité réelle, totalement « moitié-moitié » est très rare (selon les statistiques, de 1 à 4 % seulement !).
Les vrais bisexuels sont certainement quatre fois moins nombreux que les homosexuels. Mais il est difficile d'obtenir des chiffres. Certains répondent

positivement quand on leur demande s'ils ont déjà eu des expériences bisexuelles, alors qu'ils n'ont fait l'amour que ponctuellement, lors d'une soirée, avec des personnes du même sexe. D'autres qui ont eu de vraies histoires d'amour avec des personnes des deux sexes répondront la même chose. Il ne s'agit évidemment pas des mêmes cas de figure.

Peut-on définir une identité bisexuelle ?

La plupart des théoriciens ne considèrent pas qu'il y ait une identité bisexuelle. Il y a un choix d'objet qui peut être bisexuel. L'identité, elle, est masculine ou féminine.

Les termes d'homosexualité, de bisexualité et d'hétérosexualité sont-ils encore valables aujourd'hui ?

Au risque de ne pas faire très « mode », je vous répondrai oui. En pratique, ces distinctions continuent d'avoir une pertinence. Il y a toujours des polarités qui s'installent dans les sociétés humaines, et qui sont l'expression de nombreux facteurs déterminants. Ceux-ci, comme de nombreux travaux le montrent aujourd'hui, peuvent provenir d'ancrages biologiques.

Voulez-vous dire que notre sexualité peut être déterminée biologiquement ?

Oui, n'oublions pas que le cerveau est sexué. Il y a une différence profonde entre les hommes et les femmes qui est liée aux imprégnations hormonales. S'il y a des antagonismes neuro-développementaux ou hormonaux, cela peut donner lieu à des cas d'hermaphrodismes, ou de véritables transsexualités. À l'échelle d'une société, ces différences biologiques hommes/femmes sont à l'origine d'effets de polarisation.

A-t-on aujourd'hui abandonné l'idée freudienne d'une bisexualité originaire ?

Oui, elle est tout à fait obsolète. Cette idée venait de Fliess, et Freud l'avait trouvée très séduisante. Cette théorie de la bisexualité originaire a été construite par analogie avec le stade de la vie de l'embryon où celui-ci n'a pas de spécification sexuelle. Mais cela n'infère pas que des années après il reste quelque chose de cette indifférenciation originelle. Il faut se replacer dans le contexte de l'époque, où toute pensée théorique était construite en analogie avec des modèles existants. Les modèles théoriques sur la psyché étaient le reflet de ce que l'on commençait à découvrir, à l'époque, en embryologie.

Il est courant de dire que la plupart des femmes seraient peu ou prou bisexuelles. Cela correspond-il à une réalité ?

Qu'est-ce que cela voudrait dire ? Que toutes les femmes ressentiraient autant d'excitation avec d'autres femmes qu'avec les hommes ? Que toute femme pourrait ressentir au moins une fois de l'amour pour une personne du même sexe qu'elle ? On peut également dire cela de tout homme. Si l'on veut réfléchir sur ce qu'est la sexualité d'un être, il faut se demander ce qu'il en est de ses capacités amoureuses, de ses fantasmes, de ses choix d'objet, de ses modalités (actif/passif). La sexualité humaine est certes si complexe que personne ne peut dire qu'il ne tombera pas amoureux d'une personne du même sexe. D'autre part, si l'on parle de potentialités de comportements sexuels dans certaines conditions, alors effectivement les femmes seraient plus aptes à échanger des gestes physiques avec d'autres femmes. Mais, cependant, bien des femmes ne le supportent pas, et rejettent cette éventualité.

Pour quelles raisons serait-il plus facile pour une femme d'avoir des rapports avec une personne de son sexe ? Est-ce la construction de l'identité par rapport à la mère qui est en jeu ?

Tout à fait. De plus, les traits culturels d'activité/passivité font qu'un échange homosexuel sera plus simple pour une femme que pour un homme.

On retrouve souvent chez les couples féminins homosexuels la relation homme/femme...
Certainement pas dans la majorité des cas. Cela ne concerne que 40 % des femmes, qui se reconnaissent comme voulant avoir ou ayant des traits masculins, adoptant la position reconnue culturellement comme masculine. Ensuite, le problème est : est-ce le couple lui-même qui reconnaît cette redistribution des rôles, ou est-ce la société qui leur colle une image ? Non, plus généralement, c'est de la relation mère/fille dont il est question.

La bisexualité semble échapper à toutes les catégories, toutes les classifications...
Oui, et la raison principale en est qu'il y a peu d'études réalisées à ce sujet. Beaucoup de théoriciens disent qu'il n'y a pas de bisexualité. Ils ne reconnaissent pas cette catégorie, alors que la plupart reconnaissent l'homosexualité et l'hétérosexualité. Même si c'est pour en discuter la pertinence, d'ailleurs !

Il est d'autant plus difficile de se reconnaître soi-même comme bisexuel...
Oui, mais que veut dire se reconnaître ? Vis-à-vis de qui, pourquoi, dans quel but ? On se reconnaît généralement vis-à-vis d'un rôle social, ce qui, dans le cas qui nous intéresse, n'est pas intéressant. La reconnaissance en tant que bisexuel est d'autant plus difficile que si l'on veut être reconnu comme bisexuel de comportement, on peut se faire d'emblée taxer de pervers ! Si l'on veut se faire reconnaître comme bisexuel dans sa vie amoureuse, on se fait alors rejeter à la fois par les hétérosexuels et par les homosexuels.

Vous arrive-t-il souvent de recevoir en consultation des hommes ou des femmes hétérosexuelles qui avouent douloureusement à leur partenaire leur attirance vers une personne de même sexe ?
Quand, dans un couple hétérosexuel, se pose le problème chez l'un des partenaires d'une attirance homosexuelle, il ne s'agit plus seulement de jalousie mais d'un questionnement de l'autre assez profond. Mais il existe aussi, plus rarement, le cas où dans un couple homosexuel, l'un des deux individus est attiré par l'autre sexe. J'ai eu le cas d'une patiente homosexuelle qui était attirée par des hommes très virils, mais de manière purement sexuelle.

Qu'est-ce qui détermine l'orientation sexuelle d'un individu ?

Les réponses actuelles sont :

1) La génétique.

2) Les déterminismes hormonaux lors de stades précis de l'embryogenèse.

3) Les processus d'identification aux parents, et les expériences précoces (on appelle cela le « phénomène d'empreinte »).

4) Le système des représentations culturelles, c'est-à-dire le milieu dans lequel évolue l'enfant.

Les deux derniers points sont très intriqués puisque la culture est transmise par les parents, mais les parents transmettent généralement plus d'eux-mêmes que de culture.

Le choix de l'objet sexuel va donc être déterminé par des modèles culturels ?

Les modèles culturels ne tombent pas du ciel. La bipolarisation (le couple homme-femme) se retrouve dans la plupart des sociétés humaines.

Pensez-vous que dans la société actuelle, comme le veulent certains courants de pensée à la mode, l'on aille vers une bisexualité généralisée ?

Une société où les hommes seraient autant amoureux des hommes que des femmes, et inversement ? Certainement pas ! Cela impliquerait une improbable modification du psychisme. En revanche, il est indéniable que nous allons vers une société où les manifestations extérieures de genre seront atténuées voire inversées. Il est certain qu'il y aura une augmentation des comportements bisexuels. Nous allons vers une société où ces comportements seront de moins en moins freinés. Il sera fréquent d'avoir une ou plusieurs expériences avec une personne du même sexe, sans pour autant devenir bisexuel. Mais il serait faux de dire que les gens, massivement, vont être moitié-moitié toute leur vie.

Est-il fréquent que la bisexualité soit une phase transitoire vers l'homosexualité ?
Si c'était le cas, alors la bisexualité n'existerait pas ! Il s'agirait simplement de vivre pendant un temps sur un certain mode, puis sur un autre. Il ne faut pas abuser des catégorisations.

Faire l'amour avec quelqu'un de son sexe pour un/une hétéro, c'est une mise en danger ?
Oui, soit. Mais il y a tellement d'autres expériences qui sont des mises en danger ! Pour un homme, comme nous l'avons déjà dit, la mise en danger se fera surtout par rapport à l'inversion des rôles actif/passif : l'homme ressentira facilement cette

menace. Pour une femme, cette menace sera ressentie d'une autre manière, et sera alors beaucoup plus profonde. Cela interrogera le rapport à sa mère.

Pourquoi ?
Parce que sa mère est une femme, tout simplement. Et qu'à un moment ou à un autre, elle a du la fantasmer comme ne désirant qu'elle, et ne jouissant que d'elle. Je ne parle pas ici de jouissance génitale, bien sûr, mais d'une érotisation globale de l'expérience émotionnelle. La petite fille jouit de sa mère et imagine que sa mère jouit d'elle. Ensuite, beaucoup d'éléments rentrent en jeu : la mère aime-t-elle ou non les hommes, etc. Il y a aussi tout le côté olfactif qui agit beaucoup plus sur nous qu'on ne croit. C'est difficile de mettre des mots là-dessus.

Un homme ne va pas ressentir cela avec un autre homme ?
En général, la mère d'un homme n'est pas un autre homme ! Pour lui, d'autres choses se jouent dans le lien au père. Notamment, le rôle qui a été donné au père par sa mère.
Mais c'est un autre sujet…

6. bi, bi, fricotons ! (choré-graphies)

Et si, maintenant, nous passions à la pratique ? Nous n'avons pas résisté à la tentation de vous proposer quelques positions. Il s'agit évidemment d'une sélection qui relève d'un choix arbitraire. Celui-ci est basé sur les témoignages des nombreuses personnes que nous avons pu interviewer.

Parmi les innombrables possibilités de positions sexuelles auxquelles la bisexualité peut donner lieu, il ressort que certaines positions font figures de « standards » tout comme, dans la classique sexualité hétérosexuelle, le missionnaire, le 69 ou la levrette. Pour être tout à fait franc, ce petit « Kama sutra » bisexuel a aussi été réalisé en fonction de nos préférences personnelles. Hé oui, difficile d'être tout à fait objectif lorsque l'on parle de sexe ! Espérons que ce petit guide vous inspirera. Les lumières sont basses, le champagne est frappé, les corps s'électrisent peu à peu... Que la fête commence !

Deux filles, un garçon

Voilà sans doute la situation préférée de la plupart des hommes : faire l'amour à deux femmes qui elles-mêmes vont faire l'amour entre elles.
Les cas de figures peuvent être très différents – et l'on manque de statistiques ! –, mais il semble que la situation la plus courante mette en jeu un couple hétérosexuel et une de leurs amies. Il est extrêmement rare qu'un garçon s'immisce dans un couple de filles.

Ce fantasme est également partagé par de nombreux couples, si l'on en juge au nombre impressionnant de demandes de ce type sur les sites libertins. L'avantage de cette situation est qu'elle met en jeu des filles bisexuelles. Ce qui écarte a priori le risque de la jalousie féminine. Chez un couple dont la femme est bisexuelle, celle-ci est supposée avoir autant envie d'une autre femme que son homme.
Nous voilà donc dans la situation où un heureux homme va pouvoir contempler deux femmes en train de se caresser, de se lécher, de se faire jouir, prenant plaisir à lui offrir le spectacle de leurs étreintes. Il peut être tentant pour cet homme de contempler ce spectacle sans intervenir. Mais il peut aussi essayer de les combler, l'une après l'autre, en se mêlant à leurs ébats.

Le 69 bi +

Les filles se lèchent mutuellement, dans la position classique du 69, et l'homme les pénètre l'une après l'autre. Il peut aussi ne s'occuper que d'une seule fille. Les divers raffinements que l'on peut imaginer autour de cette position dépendent du degré d'intimité et d'excitation entre les partenaires. La femme qui se trouve en dessous, en plus de s'occuper du clitoris de son amie, pourra lécher de temps à autre les bourses du garçon, agacer son anus de la langue ou d'un doigt. Le garçon peut aussi retirer son engin du sexe de l'une ou de l'autre afin de se faire sucer, le pénis tout imprégné de parfums enivrants... Mais à vous de trouver des variantes !

Note :
Veillez à changer de préservatif chaque fois que vous changez de partenaire. De même, changez de préservatif avant de passer d'un vagin à un anus.

Bret Easton Ellis, dont le roman *American Psycho* comprend quelques scènes érotiques d'une grande intensité, décrit cette combinaison du 69 + en y ajoutant quelques réjouissantes petites fantaisies :

« *Je repousse Sabrina et l'allonge sur le dos, la tête au pied du lit. Puis j'allonge Christie sur elle, en soixante-neuf, le cul en l'air. Après avoir enfilé un préservatif, je lui doigte l'anus afin de le détendre, de le dilater et, avec un minimum de vaseline, à ma grande surprise, je la pénètre sans difficultés, tandis que Sabrina lui bouffe le con, faisant aller ses doigts, suçant le clito gonflé, saisissant quelquefois mes couilles et les serrant doucement, agaçant mon trou du cul d'un doigt mouillé, puis Christie se penche sur le con de Sabrina et, lui écartant brutalement les jambes, aussi largement que possible, commence à y plonger la langue, mais pas très longtemps, car un nouvel orgasme la saisit et, se retournant pour me regarder, le visage luisant de mouille, elle crie "Baise-moi, je jouis, merde, bouffe-moi, je jouis", et je me mets à la baiser furieusement, tandis que Sabrina continue de lui bouffer la chatte, le visage barbouillé de sa mouille. Je me retire du cul de Christie et force Sabrina à me sucer la queue, avant de pénétrer à nouveau le con dilaté de Christie et, au bout de deux minutes, je commence à jouir, au moment même où Sabrina, abandonnant mes couilles, écarte mes fesses et, à l'instant où je vais décharger dans le con de Christie, me fourre sa langue dans mon trou du cul qui se contracte et palpite, prolongeant mon orgasme, puis Sabrina retire sa langue, gémissant qu'elle va jouir aussi, car après avoir joui, Christie continue de sucer Sabrina et je les regarde, penché au-dessus de Christie, haletant, tandis que Sabrina fait sans cesse aller et venir ses hanches, se frottant contre le visage de Christie, puis je me laisse aller en arrière, vidé mais la queue toujours raide, luisante, encore douloureuse de la violence de l'orgasme, et ferme les yeux, les genoux faibles, tremblants.* »

Bret Easton Ellis, *American Psycho*, éditions du Seuil, 1992.

LA CAVALIÈRE INVERSÉE ET SON ÉCUYÈRE

L'homme est allongé sur le dos. L'une de ses partenaires vient s'asseoir sur son sexe, en lui tournant le dos. C'est la position dite de la « cavalière inversée ». Pendant la chevauchée fantastique, l'autre fille peut papillonner, en allant de temps en temps embrasser la cavalière, se mettre debout pour lui

donner son sexe à lécher, caresser ses seins, titiller son clitoris, lécher les bourses de l'heureux garçon, titiller son anus, glisser un doigt à l'intérieur... Pour la cavalière, c'est une véritable fête ! Elle n'a qu'à s'empaler sur le mandrin du garçon, et l'autre fille s'occupe du reste !

LEVRETTE BI

Il s'agit d'une variante du « 69 + ». Mais cette fois, celle qui se fait lécher peut davantage se concentrer sur ses sensations. Cette position, qui permet à l'une des filles d'être prise en levrette, par le vagin ou l'anus, tout en honorant sa partenaire de ses doigts et de sa langue, offre également une très jolie vue à l'homme. Celui-ci peut en effet contempler les fesses de la partenaire qu'il baise, et en même temps jouir du merveilleux spectacle des deux filles jouant ensemble. Les coups de reins ne devront pas être trop violents, celle qui les reçoit doit pouvoir lécher tranquillement sa partenaire ! Celle-ci sera également très sensible à la perspective de son amie, à quatre pattes devant elle, en train de se faire prendre !

LE TRIANGLE BI N° 1

Cette position est idéale pour tous les adeptes des délices oraux ! Les heureux participants s'assemblent ainsi : l'homme et les deux femmes sont allongés sur les côtés, en triangle. Une femme suce l'homme qui lui-même lèche le sexe de l'autre femme qui elle lèche le sexe de l'autre femme... Un vrai bonheur ! Cette position du triangle peut donner lieu à de nombreuses variantes selon la répartition des sexes. Nous le verrons plus tard avec la combinaison deux garçons + une fille.

LE RÊVE DE TOUT HOMME

L'homme est allongé sur le dos. Une fille se fait prendre en cavalière, l'autre en face d'elle se fait lécher le minou, accroupie au-dessus du visage de monsieur. Celui-ci aura l'immense privilège de pénétrer une femme tout en en léchant une autre. Seul petit problème : le plaisir visuel sera pour lui limité. Mais rien n'empêche celle qui est léchée de lever de temps en temps les fesses pour permettre au garçon de contempler ses deux partenaires, qui se caressent, s'embrassent et se lèchent. Le nec plus ultra pour optimiser cette position : le miroir au plafond ! Mais cela devient rare, de nos jours !

VARIATIONS ACCESSOIRISÉES

Si l'on fait intervenir un sextoy tel qu'un godemiché ou un gode ceinture dans les ébats, c'est la promesse de multiples combinaisons toutes plus voluptueuses les unes que les autres ! Une femme pourra, à quatre pattes, sucer son partenaire masculin tout en se faisant prendre au gode ceinture par sa partenaire à genoux derrière elle ! Mais on peut aussi imaginer (ah, comme la bisexualité est promesse de plaisirs variés !) que l'homme, à quatre pattes, se fait sodomiser au gode ceinture par l'une de ses partenaires, pendant qu'il lèche le minou de l'autre. Que de délices en perspective !

Deux garçons, une fille

LE TRIANGLE BI N° 2

Variante du triangle bi précédemment évoqué, et mettant en jeu deux filles et un garçon, ce triangle-là fait participer une fille et deux hommes bi. Ils se disposent en triangle, sur le côté. La fille suce le sexe du premier garçon, lèche ses testicules, son périnée et son anus, tandis que le garçon en question se livre aux mêmes activités avec son partenaire masculin. Ce dernier lèche le sexe de la demoiselle. Chacun s'occupe donc d'un sexe avec sa bouche, tandis qu'une autre bouche s'occupe de son sexe... Que demander de plus ?

ENCORE UNE VARIATION SUR LE 69 !

La fille est allongée sur le dos, et l'homme est à quatre pattes au-dessus d'elle,dans la position classique du 69. Elle le suce, il la lèche, jusqu'ici tout va bien. C'est à ce moment qu'intervient l'autre garçon, qui va venir titiller l'anus de son copain à quatre pattes, lui enfoncer un doigt mouillé, puis deux, avant de le pénétrer de son sexe. L'heureux homme pourra ainsi être pénétré analement tout en se faisant sucer ! Une expérience inoubliable, que tout homme devrait tenter !

LE PETIT TRAIN

C'est la demoiselle qui joue le rôle de la locomotive ! Elle est positionnée à quatre pattes, et se fait prendre par-derrière, soit par le vagin, soit par le cul, par le garçon lui aussi à quatre pattes derrière elle. Levrette classique, me direz-vous, sauf que le chan-

ceux garçon, en plus d'introduire sa partenaire, se fait lui-même prendre par-derrière. Peut-on imaginer volupté plus complète ?

Deux garçons, deux filles

LE CARRÉ MAGIQUE !

On connaît la fameuse « partie carrée » chère aux couples échangistes. Mais lorsque, au cours de jeux libertins, tous les partenaires des deux couples sont bi, les possibilités chorégraphiques sont multipliées.

« *Ce qui est vraiment génial dans le sexe à quatre, c'est quand tous sont bi,* dit Étienne, 41 ans. *Quand les femmes sont l'une contre l'autre, avec un homme de chaque côté, et à un moment les hommes se sucent mutuellement. Par exemple, je suce un mec, et sa femme vient le sucer. Sucer une bite à deux, quand il y un homme et une femme, c'est vraiment très excitant.* »

Mais ce n'est qu'une possibilité parmi tant d'autres… On peut, par exemple, imaginer qu'un garçon lèche le sexe et agace l'anus d'une femme qui suce un homme qui lui-même se fait enculer au gode ceinture par une autre femme derrière lui. À propos, puisque nous ne l'avons pas encore évoqué jusque ici : le gode ceinture est particulièrement prisé par les hommes bisexuels, même si les hétéros s'y mettent de plus en plus ! Disons que les hommes bisexuels sont peut-être un peu plus décomplexés vis-à-vis du plaisir anal.

Deux couples peuvent également former un carré : tous les participants seront allongés sur le côté, chacun ayant sa bouche en contact avec le sexe et/ou l'anus de l'autre. Si l'on se laisse aller à un petit exercice de géométrie du plaisir, on comprend vite que chaque personne de ce carré peut faire l'amour avec les trois autres, indifféremment. Ce qui donne, vous l'aurez vite compris, pas moins de douze possibilités ! De belles combinaisons en perspective !

LE COUPLE-ROI

Le « couple-roi » est une intéressante combinaison proposée par Marc Dannam dans son ouvrage *Osez... faire l'amour à 2, 3, 4* (La Musardine, collection Osez, 2006). Un couple composé d'un garçon et d'une fille fait l'amour, tandis que l'autre couple s'occupe d'eux en les suçant, les doigtant, les pénétrant... Et comme tous les individus sont bi, il n'est pas exclu que le « couple-roi » soit constitué de deux hommes, ou de deux femmes.

7. test : êtes-vous bi-sexuel(le) ?

(Un test pour les hommes et les femmes !)

Ce test a été réalisé d'après celui qui figure sur le site : http://bi-way.net (test de Fisher). Nous tenons à préciser qu'il n'a absolument aucune valeur scientifique ! En effet, il ne prend pas en compte tous les facteurs qui déterminent la sexualité d'un individu. Ce test est à considérer uniquement comme un divertissement.

1) Avez-vous déjà ressenti une attirance pour un partenaire du même sexe que vous ?

▲ - Fréquemment.

● - Jamais.

■ - De temps en temps.

◆ - La sexualité, cela sert à faire des enfants, non ?

2) À l'issue d'une chaude soirée, préférez-vous recevoir une fellation (ou un cunnilingus) :

▲ - D'un partenaire du même sexe : il (elle) s'occupera de vous comme de lui-même (d'elle-même).

● - D'un partenaire de l'autre sexe, c'est quand même davantage dans l'ordre des choses !

■ - Peu importe, ce qui compte c'est ce que l'on ressent.

◆ - De personne d'autre que de votre partenaire habituel. C'est lui qui vous connaît le mieux, non ?

3) Invité(e) à une partouze, vous étonnez vos amis :

◆ - En ne venant pas. Ce genre de truc craspouille, ce n'est pas pour vous !

■ - En léchant une femme tout en vous faisant pénétrer par un homme. Mmmh !

● – En baisant le plus grand nombre possible de personnes de l'autre sexe. Vous êtes un homme, un vrai !

▲ – En jouant les aventuriers : vous faites jouir une personne du même sexe que vous !

4) Vous regardez un film porno avec une agréable personne du même sexe que vous. Vous vous dites :

● - Dommage qu'il n'y ait pas avec nous des personnes du sexe opposé !

◆ - Le porno ? Bof ! Quand on en a vu un, on les a tous vu !

▲ - Vous avez toujours rêvé de faire un 69 avec une personne du même sexe.

■ - Pour rigoler, vous vous masturbez l'un à côté de l'autre, ou l'un l'autre.

5) Le plaisir anal est incomparable. Le préférez-vous :

● - Avec un partenaire du sexe opposé.

▲ - Avec un partenaire du même sexe, il sera forcément plus attentionné.

◆ - Seul avec un gode : sur ce point si sensible, il vaut mieux contrôler par soi-même la situation.

6) Vous êtes invité à l'inauguration d'une boîte gay/lesbienne :

■ - Puisqu'il est question d'inauguration, autant essayer de nouveaux plaisirs !

◆ - Vous déclinez l'invitation, le sida, cela vous fait peur.

● - Quel intérêt ? En plus, il y a une soirée tropicale

au Macumba, juste à côté. Idéal pour draguer !
▲ - Vous ne finirez pas la nuit seul(e), c'est sûr !

7) L'intérêt de s'engager chez les scouts :
◆ - Aucun, vous détestez le camping.
▲ - On peut se masturber sous la tente entre copains/copines.
■ - C'est une expérience intéressante de vie en communauté.
● - C'est une bonne école pour apprendre la débrouille.

8) Pour votre anniversaire, un ami vous offre un « manuel des positions érotiques à l'usage du couple » :
▲ - Vous n'êtes pas satisfait des positions proposées : trop classiques !
● - Vous le posez sur votre table de nuit, décidé à passer à la pratique le soir même.
■ - Vous connaissez déjà tout ça par cœur.
◆ - Sans intérêt. Vive les plaisirs simples !

9) Votre partenaire vous suggère d'inviter dans votre lit une personne du même sexe que lui :
■ - Vous avez confiance dans ses goûts, vous acceptez avec plaisir et baisez avec les deux.
▲ - C'est donc cela, sa véritable orientation sexuelle ?
◆ - Vous vous en doutiez : elle ne vous aime pas

pour ce que vous êtes.
● - Vous espérez qu'il (elle) ne vous demandera pas de jouir avec cet(te) intrus(e).

10) Lors d'une soirée, vous participez à un jeu de société érotique. Quel gage préféreriez-vous avoir à accomplir ?
● - Sodomiser une personne prise au hasard.
◆ - Vous masturber.
▲ - Sucer ou lécher quelqu'un du même sexe que vous.
■ - Voir votre partenaire se faire sodomiser par une personne prise au hasard.

RÉSULTATS :
Comptabilisez le nombre de ▲, ■, ● et ◆.
Surtout, ne croyez pas que nous voulions vous enfermer dans une catégorie. Le résultat d'un test n'est que la photographie de votre sexualité à un certain moment de votre vie.

Majorité de ▲ :
Votre orientation sexuelle est l'homosexualité. Vous vous en doutiez un peu, n'est-ce pas ?

Majorité de ● :
Votre orientation sexuelle est l'hétérosexualité. Pour vous, le sexe, c'est exclusivement avec une per-

sonne de l'autre sexe. Vous considérez que dans la vie, il est inutile de tout essayer si l'on en a pas vraiment envie.

Majorité de ■ :
Vous adoptez des comportements bisexuels. Ce qui ne veut pas dire que votre orientation sexuelle est la bisexualité. Peut-être s'agit-il seulement d'un fantasme. Peut-être n'aimez-vous les partenaires du même sexe que vous que « pour le sexe », sans envisager le moins du monde un investissement affectif. En tout cas, vous semblez la croquer à pleines dents, par les deux bouts, si l'on peut dire ! En tout cas, vous n'êtes pas homosexuel(le), mais quelqu'un qui considère que dans la vie, il faut tout expérimenter. Bravo !

Majorité de ◆ :
Êtes-vous rentré(e) dans les ordres ? Avez-vous tout vécu ? Peut-être n'avez-vous pas encore rencontré celui ou celle qui saura vous guider vers les sommets ? En tout cas, la sexualité ne vous passionne pas. Appartiendriez-vous à cette population que l'on a récemment appelé « asexuels » ? Informez-vous davantage sur les possibilités de votre corps ! Ne passez pas à côté de ce que la vie peut vous offrir…

8. rencontres

(Où rencontrer des bisexuels en France ?)

Il n'existe aucun lieu, en France, spécifiquement dédié aux bisexuels. Pour les femmes, tous les clubs libertins sans exception accueillent les femmes bi à bras ouverts. Pour les hommes, on pourrait citer tous les lieux de drague homo : bars spécialisés, bois, plages, parkings, etc. Mais surtout, il est important de mentionner les saunas libertins. Selon Didier Menduni, auteur du *Guide de la France coquine* (Le Petit Futé), ils sont, dans leur grande majorité, fréquentés par des bisexuels. « *Il convient de distinguer trois types de bisexuels : les bi assumés, les bi occasionnels, et les bi contra-*

riés ». Les bi assumés vivent leur bisexualité en toute liberté. Ce sont parfois des hommes que l'on croit hétéros, qui vivent en couple, et qui de temps en temps, avec la complicité de leur femme, et parfois en leur présence, vont chercher aventure avec d'autres hommes dans les soirées libertines dont le thème est la bisexualité (féminine et masculine). Les bi contrariés, qui n'assument pas (ou alors très mal), rôdent dans les saunas gay quand les après-midi sont mixtes (ouverts aux femmes). En réalité, il n'y a pas plus de femmes dans les après-midi mixtes que dans les après-midi gay. Mais l'après-midi mixte est un prétexte pour ceux qui justement n'assument pas leur bisexualité. « *On voit des hommes tourner dans ces lieux comme des lions en cage*, raconte Didier Menduni, *à la recherche d'une femme seule ou d'un couple qui ne viendront jamais.* » Finalement, comme l'heure tourne et qu'il faudra bientôt retrouver bobonne à la maison, on va s'égarer au fond d'un salon câlin ou l'on se fera gâter par une bouche anonyme, sans être regardant sur la barbe qui repousse tout autour de celle-ci !
L'un des plus célèbres saunas « à poil et à vapeur » fréquenté par des bisexuels est l'Atlantide, près de la gare de Lyon à Paris.

Quand les clubs libertins s'ouvrent aux bi...

Certains établissements proposent de décloisonner les sexualités en s'ouvrant aux hommes bi. Ils sont encore rares, et ne proposent souvent qu'une seule soirée par semaine. Il est à noter que les bi sont malheureusement conviés aux mêmes soirées que les gays, lesbiennes, trans et travestis. Même si, on le sait, ces sexualités sont bien distinctes, et ne se tolèrent pas forcément bien.

En Aquitaine :

LE SAINT
39, rue Saint-Joseph 33000 BORDEAUX
Tél : 05 56 79 16 00
Ouvert aux bi, trans/travestis, gays et lesbiennes du lundi au dimanche, de 13 h à 19 h. Les lundi, vendredi et le samedi à partir de 21 h.
Tarifs pour les hommes : 19 en journée, 40 en soirée.
Couples invités sauf samedi soir (20 par couple).

En Bretagne :

LE BAR-BI
Parc du Golf 56000 VANNES
Tél : 02 97 46 05 55
Ouvert aux hommes, femmes, couples, le vendredi, le samedi et le dimanche, de minuit à 5 h. Tarif : 10 par personne avec une consommation.
www.bar-bi.fr

LE BILITIS
19, rue de la Gare 22780 PLOUNERIN
Tél : 02 96 35 15 58
Soirée réservée aux gays, lesbiennes, trans/travestis et bi, le dimanche de 18 h à 3 h.
Tarif : 16 par personne. Buffet offert.
www.bilitis.com

En Midi-Pyrénées :

LE CLUB 72
11, rue du Béarnais 31000 TOULOUSE
Tél : 05 61 23 82 12
Tous les lundis : Journée bi de 12 h 30 à 19 h et de 21 h 15 à 2 h. Réservée aux couples bi (Madame et/ou Monsieur), trans et travestis. Hommes seuls, femmes seules acceptés si « dans l'esprit ».
Tarifs : 30 pour un homme seul ; 15 pour un couple du lundi en journée, 25 le vendredi soir, le samedi soir et le dimanche avec buffet.
www.club72.net

À Paris, une soirée particulière...

Entrez en transe sexuelle !

À la soirée Escualita des Folies Pigalle, boîte de nuit aux allures de cabaret post-apocalyptique, toutes les sexualités se mêlent joyeusement. Tout y est permis sauf, malheureusement, de conclure ! Cependant, on se touche, on se frotte et on se pelote beaucoup… Les rencontres y sont joyeuses et faciles. Cailleras de la banlieue nord, tee-shirts peau de pêche et bling bling, petites frappes que Pasolini n'aurait pas reniées, touristes en goguette et couples branchés viennent s'y faire caresser l'entrecuisse par des bimbos hormonées et peroxydées qui cachent sous leur jupette une superbe bite prête à l'emploi ! Ici, il est davantage question d'hétérosexualité ouverte et ludique que de bisexualité. De toute façon, on comprend vite que dans cette fournaise délicieusement décadente, les catégories sexuelles volent en éclats. Tous ces hommes que l'on voit ouvertement draguer des transsexuelles, leur offrir des verres puis les embrasser langoureusement, avant d'aller plus loin, peut-être, dans un hôtel du quartier, ceux-là sont-ils hétéros, sont-ils homos refoulés, bisexuels ? « *Les aficionados de la Petite École (Escualita) sont presque exclusivement des hétéros !* », s'amusent Gérard et Fouad, les organisateurs. Homosexualité refoulée, bisexualité… Qui se pose encore la question en ces lieux ? « *Les transsexuelles*, explique Fouad, *ont une facilité d'accès au corps que n'ont pas les femmes. La baise est presque immédiatement accessible, rapide, un peu comme dans le milieu gay.* » En plus, les hommes ont affaire à des êtres hyperféminins et hypersexués ! Que demander de plus ? Surtout pour un bisexuel qui, à l'instar d'Eddy (voir pp 42-43), aime les femmes et les bites !

SOIRÉE ESCUALITA
Folies Pigalle
11, place Pigalle Paris 9e
Tél : 01 48 78 55 29
Le premier vendredi de chaque mois et tous les dimanches soirs, à partir de minuit.
Entrée : 20 E.
www.escualita.com.

conclusion

Le sexe est une question politique. La manière dont une société envisage le problème de la liberté sexuelle, donc de l'épanouissement des individus, est centrale dans nos démocraties. Il relève presque du cliché de dire qu'aujourd'hui chacun vit « comme bon lui semble » et qu'il ne subsiste plus d'interdits liés au sexe dans notre cher Occident depuis la fin des années soixante-dix.

Le sexe est partout. Il fait vendre. Ses représentations explicites font l'objet d'une industrie florissante, les magazines y consacrent tous les mois des dossiers fournis, et il semble aller de soi que le bonheur passe par une sexualité épanouie.

Mais il convient de bien distinguer le sexe tel que le

commerce l'exploite, et la sexualité réelle de vos voisins de palier.
L'évolution des mœurs est souvent faite d'avancées spectaculaires, puis de régressions. Notre société vit dans l'illusion que tout se passe très vite. La révolution sexuelle aurait bouleversé nos pratiques de manière irréversible. Nous irions, lentement mais sûrement, vers une bisexualité généralisée, voire vers un pansexualisme. Certes, il y a bien le sida, mais un jour on trouvera un remède, dit-on, et alors plus rien ne nous arrêta dans notre quête du plaisir... Si seulement les choses étaient si simples ! Notre société se croit avancée et il est incontestable qu'elle l'est, par bien des aspects. Mais nous sommes cependant bien loin des frasques du Directoire, du Berlin décadent des années 1920, ou de l'époque de l'amour libre d'après 1968 !
Toute société connaît des retours en arrière. Les enfants de la révolution sexuelle ont estimé que leurs parents étaient allés trop loin. Et ce sont ces enfants qui aujourd'hui écrivent les règles du jeu. On peut bien dire que l'homosexualité n'est plus considérée comme une maladie mentale, que le libertinage se démocratise et qu'on parle de la bisexualité comme d'une chose « naturelle », il n'empêche que la réalité n'est pas des plus réjouissantes. Et que les consommateurs de psychotropes sont infiniment plus nombreux que les aventuriers du désir cherchant à s'épanouir dans un badinage léger et ludique.

La quête du plaisir, la jouissance comme manière d'être au monde, le bonheur de désirer l'un ou l'autre sexe, voire les deux, cela suffit rarement aux hommes. La société leur impose des contraintes souvent incompatibles avec leurs désirs. Il en résulte, comme le disait Freud, un « *malaise dans la civilisation* ». Les hommes cherchent alors à nommer leurs pratiques, à les classer, les répertorier. Ils peuvent ainsi se définir, se reconnaître entre eux et se regrouper : hétérosexuels, bisexuels, trysexuels, homosexuels, asexuels… Il y a toujours en l'homme cette peur de ne pas répondre à certains critères, cette peur d'être tout seul dans son cas. Et pourtant… La sexualité d'un individu va bien au-delà des normes que la société tente d'imposer.
Aujourd'hui, je vis une sexualité épanouie avec une femme qui me comble. Demain, j'aurai envie de sucer un homme, peut-être même d'aller plus loin. Ma femme, elle, réalisera son rêve de se perdre entre des cuisses féminines… Est-ce pour cela que nous serons tous les deux devenus homosexuels ? Certainement pas. Nous serons sans doute davantage du côté des hétéros aux idées larges, que des homos refoulés. Nous considérons que la sexualité doit se vivre sur le mode du jeu. Là où la société veut une sexualité normée, engluée dans la culpabilité et l'angoisse, rattrapée par la mairie ou l'Église, défendons l'ivresse sensuelle des rencontres où l'on ne s'interdit rien, sauf de porter atteinte au respect

d'autrui. Avec les hommes et les femmes, de manière successive ou simultanée, acceptons la sexualité, cette formidable force qui nous agite et parfois nous déborde.
La sexualité, c'est le refus de la clôture. Quelle que soit votre manière de vivre, l'important est de laisser, quelque part, une porte ouverte. Un jour, peut-être, oserez-vous la franchir. Ou peut-être pas. Mais ne la fermez pas.

références

BIBLIOGRAPHIE SÉLECTIVE

Roman

Paul, John Flaherty-Cox, éditions Blanche, 2004

L'histoire d'amour entre Paul et Bianca est celle d'un couple libéré, qui distingue parfaitement liens du cœur et plaisirs des sens. Paul tient en général, avec ses partenaires, le rôle d'initiateur. Lors d'un voyage en Thaïlande, Bianca et lui vont découvrir des plaisirs ambigüs avec une jeune fille du troisième sexe. C'est avec elle que Paul découvrira sa bisexualité. Un compagnon transgenre pour un couple, n'est-ce pas la promesse de combinaisons délicieuses et inédites ?

Correspondance

Lettres à Sartre, Simone de Beauvoir, Gallimard, collection Blanche, 1990, deux tomes : 1930-1939 ; 1940-1963

« ... *ça me fait quand même drôle d'être passionnément aimée de cette manière féminine et organique par deux personnes : Védrine [...] et Sorokine...* » écrivait le « Castor » à Sartre en 1939.

Cette correspondance éclaire la relation amoureuse entre ces deux grandes figures des lettres françaises. Le légendaire couple germanopratin vivait, avec plus ou moins de bonheur, une vie sexuelle et amoureuse sur le mode du trio avec une autre femme. Simone de Beauvoir entretenait des relations physiques intenses avec des femmes, généralement ses élèves. Elle distinguait l'amour qu'elle portait à Sartre, qualifié de « nécessaire », et celui qu'elle portait aux femmes, qualifié de « contingent ». On découvre dans cette correspondance une femme revendiquant une liberté sexuelle absolue.

Essais sur la bisexualité

Rommel Mendes-Leité, *Bisexualité, le dernier tabou*, Calman-Lévy, 1996.

Claude Aron, *La Bisexualité et l'Ordre de la nature*, Odile Jacob, 1996.

Eva Cantarella, *La Bisexualité dans le monde Antique, selon la nature, l'usage et la loi,* La Découverte, 1991.

Christian David, *La Bisexualité psychique*, Payot, 1992.

Catherine Deschamps, *Le Miroir bisexuel*, Modernes Balland, 2002.

Marie Delcourt, *Hermaphrodite : mythes et rites de la bisexualité dans l'Antiquité*, P.U.F., 1958.

Jean-Luc Henning, *Bi*, Gallimard, 1996.

Ouvrage collectif : *Bisexualité et la Différence des sexes*, Folio/Essais, 2000.

Charlotte Wolff (Dr), *Bisexualité*, Stock, 1977.

Ouvrages où la bisexualité est abordée :

Elisabeth Badinter, *XY, de l'identité masculine*, Odile Jacob, 1992.

Marina Castañeda, *Comprendre l'homosexualité*, Laffont, 1990.

Laurine et Vincent Chatel, *Libertinage mode d'emploi*, Alize, 2003.

Michel Dorais, *Éloge de la diversité sexuelle*, VLB éditions, 1999.

Willy Pasini, *Les Nouveaux Comportements sexuels, Odile Jacob, 2003.*

Daniel Welzer-Lang, *Nouvelle approche des hommes et du masculin*, Presses Universitaires du Mirail, 2000.

Christine Ley, *Voyage au pays de l'échangisme*, Favre, 2003.

Monique Gehler, *Adam et Yves*, Grasset, 1994.

Colin Spencer, *Histoire de l'homosexualité de l'Antiquité à nos jours,* Le Pré-aux-Clercs, 1998.

Presse

Union : « Bisexualité, ne serions-nous pas tous bisexuels sans le savoir ? » N° 87, décembre 1995.

Le Nouvel Observateur : « Bisexualité, le dernier tabou », N° 1630, 1er février 1996.

Libération : « Pour la visibilité bisexuelle », interview d'Anne de l'association BI'Cause, dans le cadre d'un dossier sur la Gay Pride (n° 622, 22/23 juin 1996).

Courrier International : « Bonne nouvelle : le bisexuel est un individu normal » (*Tages-Anzeiger*, Zurich , n° 300-301-302, 1er août 1996).

Le Nouvel Observateur : « Bimoiselles, bimoiseaux », n° 1890, 25 janvier 2001.

Marie-Claire : « To Bi or not to Bi », n° 585, mai 2001

Têtu : « Les bisexuels existent-ils ? », n° 82, octobre 2003.

Technikart : « To bi or not to bi » et « Si vous êtiez bisexuel sans le savoir ? », n° 105, septembre 2006.

Sites Internet

Voici une liste non exhaustive de sites francophones dédiés à la bisexualité :

www.multisexualites-et-sida.org

www.geocities.com/WestHollywood/Heights/3537/index.html

www.bisexuelle.net
www.bicause.fr
http://amourbi.free.fr
http://www.bisexuelle.qc.ca

Guides pratiques

Didier Menduni, *Guide de la France coquine*, Le Petit Futé, 2006

Guide Musardine du Paris sexy, La Musardine, 2006

Promenades érotiques en France, La Musardine, 2002

LA BISEXUALITÉ AU CINÉMA

Frida, Julia Taymor (2002)
Avec : Salma Hayek, Alfred Molina, Diego Luna.

• Née en 1907, Frida Kahlo fut sans doute l'une des plus grandes artistes mexicaines du XXe siècle. Célèbre pour son engagement en faveur du communisme, elle fut aussi célèbre pour sa défense de la liberté sexuelle, de l'émancipation des femmes – « cette masse silencieuse et soumise », selon ses propres terme – dans un pays très machiste, et ne fit jamais secret de sa bisexualité. Salma Hayek en a donné une remarquable interprétation.

Henry and June, Philip Kaufman (1990)
Avec : Fred Ward, Uma Thurman, Maria de Medeiros, Gary Oldman, Kevin Spacey, Richard E. Grant.
• Paris, début des années 1930 : l'écrivain Anaïs Nin rencontre Henry Miller et sa femme, June. Inspiré des écrits d'Henry Miller et du journal d'Anaïs Nin, le film décrit la passion qui lia un temps l'écrivain américain avec ces deux femmes, dans un trio sensuel et déchiré. Le film souligne l'effervescence et la liberté sexuelle au sein de ce ménage à trois des folles années trente. La bisexualité féminine y est très présente, puisque c'est de June qu'Anaïs Nin est d'abord tombée amoureuse.

La Confusion des genres, Ilan Duran Cohen (2000)
Avec : Pascal Greggory, Nathalie Richard, Cyrille Thouvenin, Julie Gayet, Alain Bashung.
• Alian, avocat de 40 ans, oscille entre le confort d'une vie rangée avec Laurence, avocate elle aussi, et la tentation d'intenses expériences sexuelles avec Marc, le détenu qu'il défend. Mais la fiancée de celui-ci ne le laisse pas indifférent non plus. En même temps, il éprouve des sentiments pour le frère d'une de ses ex. Oui, la tentation bisexuelle complique souvent les choses !

C.R.A.Z.Y., Jean-Marc Vallée (2005)
Avec : Michel Cote, Marc-André Grondin, Emile Vallée.
• « *Je veux être comme les autres !*

— *Dieu merci, tu ne le seras jamais.* »
Ce dialogue extrait du film pourrait en résumer l'esprit. *C.R.A.Z.Y* retrace l'itinéraire d'un garçon québécois, de sa naissance à ses vingt ans. Sa quête d'identité passe par des incertitudes quant à sa sexualité. Le film analyse remarquablement la difficile construction de la personnalité d'un ado.

Les Nuits fauves, Cyril Collard (1992)
Avec : Cyril Collard, Romane Bohringer, Carlos Lopez, Clémentine Célarié, Maria Schneider, Corinne Blue.
• Cette histoire d'amour entre Laura, 17 ans, et Jean, 30 ans, séropositif et bisexuel, qui brûle sa vie en multipliant les partenaires, lança un vif débat en France. Le triomphe public et critique du film, suivi du décès du réalisateur, marqua le début d'une prise de conscience sur l'ampleur de la pandémie du sida.

Crash, David Cronenberg (1996)
Avec : James Spader, Holly Hunter, Deborah Hunger, Elias Koteas, Rosanna Arquette.
• David Cronenberg, dont toute l'œuvre est travaillée par une fascination pour la chair, ses traumatismes et ses modifications, réalise avec *Crash* son film le plus érotique. La bisexualité, tant masculine que féminine, y est omniprésente. Il est vrai que l'extraordinaire sensualité qui travaille le film dépasse largement les identités sexuelles conventionnelles.

Alexandre, Oliver Stone (2003)
Avec : Colin Farrell, Jared Leto, Anthony Hopkins, Angelina Jolie, Rosario Dawson, Val Kilmer.

• Beaucoup de cinéphiles se sont demandé comment Oliver Stone allait aborder la question de la sexualité du conquérant macédonien. Même s'il était marié avec une femme, le grand amour d'Alexandre fut Héphaïston, son fidèle compagnon d'armes. Loin du cliché de l'Alexandre gay, le réalisateur a fort bien exprimé la force des sentiments qui liaient les deux hommes. Oliver Stone évite de les montrer en train de faire l'amour. Il dépeint un Alexandre fuyant une mère castratrice, et trouvant refuge du côté des figures masculines. La seule scène affirmant de manière « explicite » les penchants d'Alexandre est celle où l'empereur se glisse dans le lit de Bagoas, un eunuque perse. Oliver Stone déclarait à la sortie du film : « *Il faut savoir que la plupart des salles dans les états du sud des États-Unis ont refusé les copies [d'Alexandre] à cause de la bisexualité supposée du héros.* » (cité par F. Vandecasserie, *Télé-Moustique*, n° 4119, p. 23.)
Citons également cette phrase remarquable du réalisateur : « *Alexandre a exploré le monde et cherché à repousser les frontières de celui-ci et, pour lui, la sexualité en faisait partie.* » (R. Lynch, *Cinema S.F.X.*, n° 113, p. 19).

REMERCIEMENTS

L'auteur tient à remercier tout spécialement Valérie pour son soutien quotidien dans sa vie et ses travaux.
Merci au docteur Jean-Roger Dintrans pour ses précieux conseils et éclairages.
Merci à Clara, Anne-Laure, Sylvie, Sabine, Maîtresse M., Laurence, Marie, Anne, Laurine et Vincent Chatel, Edvard Stokien, Lionel, Xavier, Bertrand, Éric, Ludovic, Michael, Jérôme, pour leurs témoignages.
Merci également à Didier Menduni, à Nourredine, et à tous ceux qui m'ont soutenu dans ce travail.

Vous pouvez envoyer un e-mail à Pierre Des Esseintes à l'adresse suivante : des.esseintes@noos.fr

Cet ouvrage a été imprimé en France par

CPI
BUSSIÈRE

à Saint-Amand-Montrond (Cher)
en mars 2012

N° d'impression : 120525/4
Dépôt légal : novembre 2006